Als noch rüstiger Senior, mit dem alias Namen Paul von Leiselheim, habe ich auch einen bürgerlichen Namen. Mein Geburtsort ist Leiselheim, ein Vorort der Stadt Worms. Daher wählte ich ihn in der 1. Auflage als entsprechenden alias Namen. Ich verbrachte jedes Jahr als Kurgast einige Wochen immer in dieser schönen Kurstadt Bad Kissingen. Diese hat Flair und Geschichte. Dabei erlebte ich sehr viel, Lustiges, Heiteres, aber auch sehr Ernstes. Vielleicht ergeht es Ihnen genauso beim Kuren? Sollten Sie als Kurgast nichts zu lachen haben und bisweilen Langeweile über Sie kommen, dann sind nachfolgende Geschichten sicher dazu geeignet, Ihre Lachmuskeln zu strapazieren. Lachen ist gesund. Verbunden mit einer Kuranwendung in einer entsprechenden Umgebung kann das nur positiv für Sie sein. Aber auch die Einwohner und die Besucher dieser wunderschönen Kur- und Kulturstadt kommen beim Lesen der folgenden Kurzgeschichten auf ihre Kosten. Wegen der großen Nachfrage ist die 1. Auflage vergriffen, daher erfolgt eine Neuauflage.

1.5.2019 Dr. Paul Bachmann

Dr. Paul Bachmann alias Paul von Leiselheim

Erlebnisse als Kurgast in Bad Kissingen

15 lustige Kurzgeschichten mit Bildern

2. verbesserte Auflage

In Memoriam an meine verstorbene Tochter Alexandra

Impressum

Bibliographische Information der Deutschen Nationalbibliothek:
Die Deutsche Nationalbibliothek verzeichnet diese Publikation in
der Deutschen Nationalbibliografie:
detaillierte bibliografische Daten sind im Internet über
http://dnb.dnb.de abrufbar.

Copyright 2019 Dr. Paul Bachmann alias Paul von Leiselheim

Illustration siehe letzte Buchseite (Paul von Leiselheim und fotolia)
Herstellung und Verlag: BoD - Books on Demand, Norderstedt

ISBN: 9 783735 758354

Kapitel des Büchleins:

Kurzfassung 7

1. Kurpension „Weißes Haus am See" 15
2. Die Eigentümerfamilie 23
3. Der Hausmeister 29
4. Die Kurverwaltung 33
5. Das Kurkonzert mit der Dirigentin 36
6. Die Brunnenfrauen 43
7. Eine Reitlehrerin mit Namen Marie 47
8. Die Moorleiche 57
9. Die Kurseelsorger 62
10. Die „Psychante" 69
11. Beim Kurarzt 75
12. Auf der Liege der Physiotherapeutin 87

13. Die Kurschatten	93
14. Im Spielcasino bei der feschen Lola	97
15. Auf der Pirsch mit einem Ornithologen	102
Schlussgedanken	118
Wer ist Paul von Leiselheim?	119
Bildnachweise	122

Kurzfassung:

„Paul von Leiselheim", so sein alias Name, ist ein rüstiger Senior und sicher schon ein bisschen „Weise". Er geht jährlich für einige Wochen zur Kur nach Bad Kissingen. Die Stadt ist umgeben von Wald und Bergen. Lustige und seltsame Erlebnisse bereichern seinen Aufenthalt. 15 Kurzgeschichten fließen dabei aus seiner Feder.

Er wohnt in einem weißen Haus am See als Pensionsgast und hat Kontakt mit der Eigentümer- und der Hausmeisterfamilie, denen Schreckliches zustößt. Zur Kurverwaltung mit einem Kurdirektor gehören vielfältige Aufgaben, so die Organisation der Kurkonzerte und Veranstaltungen. Die fesche Dirigentin verdreht Paul den Kopf. Bei Julischka, so ist ihr Name, sitzt er immer in der ersten Reihe und unternimmt Anstrengungen, sie zu gewinnen. Im Gegensatz zu den Brunnenfrauen, die nimmt er nur wahr wegen ihrer Ausschank-Tätigkeiten und den Nebenbeschäftigungen. Marie dagegen entzückt ihn. Sie ist eine junge Lehrerin am Kurort und Reitlehrerin in einem Gestüt. Sie hat eine hat noch jüngere Freundin. Marie will ihm das Reiten und Galoppieren wieder beibringen. Paul ist begeistert, weniger vom Reitunterricht, als von ihrer natürlichen Art. Leider scheidet sie aus dem Leben genau wie ihre Freundin. War es ein Unfall beim Reiten oder steckten verborgene Wünsche beider Frauen dahinter? An einem Freitag findet sich in den Kurbetrieben eine Moorleiche, deren Existenz man zunächst verheimlichen will. Es kann Mord, Selbstmord oder ein tragischer Unfall, gewesen sein. Wie spielte sich das Geschehen tatsächlich ab? Am liebsten würde er Inspektor Katz, einen alten Freund, einschalten! Paul gibt als vom Glauben Abtrünniger dennoch etwas auf die Kurseelsorge. Sein Glaube ist katholisch. So besucht er eine Freizeitveranstaltung des Pfarrers, der nur wenige Schäflein hat und will deren Zahl vermehren. Wie reagiert der Pfarrer auf seine Beteiligung? In Paul's Pension wohnt zur Kur und Reha auch eine „Psychante".

Warum nennt man sie so, was geschieht als ihre Erkrankung fortschreitet und wie endet die Frau? War es Liebessehnsucht oder gar eine Affäre? Paul erlebt bei einem Kurarzt, einem Urologen, der sich als Urologin entpuppt, eine Untersuchung mit Spätfolgen. Auch von der Behandlung durch eine Masseurin, die in München bei Politikern bekannt ist für ihre speziellen medizinischen Massagen, ist er nicht begeistert. Er sieht sich häufig Kurschatten ausgeliefert, die ihm nachstellen und leidet manchmal an Zuständen von Verfolgungswahn durch „Stalking" derartiger Damen. Im Spielcasino hat er Kontakt zur feschen Lola, einem betrügerischen weiblichen Croupier, die ihre Laufbahn beenden muss. Was waren die wahren Hintergründe dafür? Paul trifft seinen Studienfreund Walther, der Vogelkundler (Ornithologe), ist. Beide beschließen eine Exkursion zu unternehmen, um fremde neue Vögel kennen zu lernen. Was erwartet sie dabei, besonders als sie auf zwei „schillernde weibliche Vögel" treffen? Bei Walther ging dies in die Hose! Paul hat während dieser Kur so viel erlebt, dass er nach Hause fährt mit dem Gedanken, im nächsten Jahr für neue Erlebnisse zurückzukommen.

Kurstadt Bad Kissingen

Du Kurstadt, du Perle ohne Föhn,
du bist bei jedem Wetter schön.
Im Frühling, mit der Blumenpracht,
der einen Garten Eden aus dir macht.
Die Natur zeigt sich entzückt,
der Winter weicht, man ist beglückt!
So viele Frühlingsfeste mit Musik!
Rosen, im Sommer, in allen Farben,
kühlende Winde, die jeden laben.
In heißen Nächten dann die erfrischenden Brisen,
Schwäne tanzen jetzt auf grünen Wiesen.
Es gipfeln nun die Sommerfeste!

Drei Tage macht sich Vergangenheit,
mit dem Rackozci-Fest im Kurbad breit. Gesundung sucht der Gast in Speis' und Trank, Gott sei Dank.
Mit Kur-Wassertrinken aus dem Glas macht er sich meist die Hosen nass!

Herbst wird es, bunte Blätter fallen
von den Bäumen,
im Kurpark lässt sich's herrlich
träumen.
Munter geht es weiter, Musikgenuss
stimmt Seelen heiter.

Winter wird es, Eiskristalle überall,
Schnee rieselt lautlos in freiem Fall.
Für Jung und Alt gibt's viele Feste

Weihnachten, Silvester, Neues Jahr.
Kuren, zu jeder Zeit, ist wunderbar!

1. Kurpension „Weißes Haus am See"

Die Sehnsucht nach „Weiß":

Ich hatte schon immer eine Vorliebe für weiße Dinge in den vergangenen Jahren. Auch „weise" Menschen, besonders Frauen zogen mich an. Rührt es vielleicht daher, dass „Weiß" die Farbe der Unschuld ist? Sicher sind Frauen die unschuldigsten Geschöpfe des Kosmos. Meine Neigung zu

„Weiß" lag in der frühesten Kindheit, die mich sehr prägte. Ebenso rührte daher die Zuneigung zum weiblichen Geschlecht.

Ich hatte mit drei Jahren ein junges blondes Kindermädchen. Sie war siebzehn Jahre alt und hatte blondes Haar. Ihre füllige Figur hüllte sie in ein weißes wallendes Gewand. Sie herzte und küsste mich, denn ich hatte auch blonde lange Haare und häufig nannte sie mich zärtlich „Paulemännchen". Ich durfte oft mit ihren blonden Zöpfen spielen. Da ich ebenfalls sehr lange Haare hatte, flocht sie mir im Gegenzug auch Zöpfe. Ich schmiegte mich dabei wohlig an ihr weißes wallendes Kleid, damals ohne Hintergedanken. Als Gespielinnen hatte ich ein weißes Gänsepaar und einen weißen Hahn mit weißen Hennen. Die Gänse waren immer lieb zueinander, der Hahn war aber bisweilen sehr aggressiv zu den Hennen. Er biss sie oft im Lustrausch in ihre roten Kämme, so dass sie vor Schmerzen schrien. Ich verstand dies damals nicht. Erst als der Hahn im Kochtopf meiner Großmutter „landete", waren die Hennen sicher vor ihm. Meine Mutter trug meist weiße Leinenkleidung und in der Nacht ein weißes Nachthemd. Ihre Haut war schneeweiß und ihre

Haare waren hellblond. Als meine Schwester geboren wurde, änderte sich das, denn diese hatte schwarze Haare. Ihre Taufkerze war Gott sei Dank weiß wie ihr Taufkleid. Später konnte sie diese Farbe nicht ausstehen. Sie hatte eine schwarze Seele, wie sich noch herausstellte. War es daher verwunderlich, dass mich die Farbe „Weiß" bereits als kleines Kind derart faszinierte und dann wieder im Alter eine entscheidende Rolle spielte? In der westlichen Bretagne begeisterte meine Partnerin und mich ein weißes Haus auf einer Klippe am Meer stehend, sehr einsam gelegen. Wir stiegen mühsam den Weg hinauf. Uns beide erfasste der Wunsch, ein solches Haus zu besitzen und darin zu wohnen. Das erste musste ich zunächst ausklammern, denn ich war ein verarmter nicht adeliger Graf. Meine Partnerin war zwar reich, daher nannte ich sie Gräfin H., obwohl auch ihr die adelige Abstammung fehlte. Spaßeshalber rief ich sie „Schweinchen". Ich möchte betonen, diesen Kosenamen bekam sie nur von mir und nicht nur wegen ihrer Körperfülle! Ich war so begeistert von dem weißen Haus am Meer, dass ich beabsichtigte einen Roman darüber zu schreiben. Den begann ich auch, verwarf ihn aber bald, da die Handlung fehlte. Erst über ein Jahrzehnt danach wurde mein Wunsch erfüllt. Ich wohnte zur Kur in einem weißen Haus an einem See mit geschichtsträchtiger Vergangenheit und gegenwärtigem Geschehen. Da fand dann die erwünschte Handlung statt!

Eines Frühjahrs, so berichtete man mir später, das war auch aus der Dorfchronik zu entnehmen, kam große Bewegung in einen Ortsteil der Kurstadt. Man munkelte etwas von einer Privatpension mit 10 Zimmern und einigen Appartements direkt in See Lage. Es entstand ein sehr modernes Gebäude. Von der einen Seite blickte man auf den See mit einer Fontaine, von der anderen Seite vom Balkon in den Wald und auf die Wiesen. Durch Zufall wurde mir dieses Haus und dessen einmaliger Lage am See bekannt. Der Baustil war fast futuristisch für diesen Ortsteil. Manche Anwohner fanden es fantastisch, andere abscheulich. Es ist halt wie in der echten Demokratie, nur wählen konnten die Ortsbewohner hier nicht. Das neue Haus war außen ganz in Weiß gehalten, auch die Balkone, die Zimmer, der Speiseraum und die Appartements. Die Türen hatten die gleiche Farbe. War es daher verwunderlich, dass ich mich sofort in diese Pension verliebte? Es war ein Sahnestück bei meiner Suche, genau wie man die Traumfrau im Leben meist nur einmal findet. Dies kann auch im hohen Alter sein! Natürlich stand mir als „Graf" eines der wenigen Appartements im Haus zu, das bekam ich auch. Alles war optimal, ebenso die Lage zur Kurstadt. Man konnte sie leicht erreichen und bequem kam man auch wieder zu Fuß oder sonst wie zurück. Hinter dem Haus war ein großer Parkplatz, teilweise überdacht und ein schöner Garten mit viel grünem Gras, Bäumen und Blumen. Es plätscherte ein Springbrunnen, umgeben von rustikalen Bänken, alles nur für die Hausgäste. Ich fühlte mich dort wohl! Auch Grillen und „Chillen" konnte man je nach Laune. Die hohen Bäume und ein Gebüsch boten Schutz und Diskretion. Die Planer und die Erbauer hatten an alles gedacht.

Die Gäste waren teilweise seltsame Menschen, aber vielleicht war ich der Seltsamste? Nachts hörte man oft glucksende Geräusche in dem Haus, die weder von Menschen noch von Tieren kamen. Morgens sangen die Vögel, die Tauben gurrten und balzten. Die Enten quakten und schwammen um die Wette im See. Meist wurden die Männchen von den zahlreichen Weibchen gejagt. Genau so war es in der Kurstadt, hier war der Mann ebenso begehrt! Es hielt sich am See aber alles in maßvoller Ruhe mit wenigen Ausnahmen, ganz anders wie in der nahen Kurstadt. Da zogen abends lärmende Kurgäste und Patienten der Reha-Kliniken aus, um Geld in die Kassen der Stadt und in die Lokalitäten mit überhöhten Preisen zu bringen. Manche Kurgäste sind wie Kühe, die man melken kann. Aber der Ausdruck „Kuhgast" ist doch zu verwerflich. Viele von ihnen waren sittsame und ehrbare Gäste, die Ruhe und Genesung suchten und diese auch fanden. Ausnahmen gibt es immer, so meine Feststellungen.

Am Wochenende war dann meist tote Hose, wenn nicht die eine kulturelle Veranstaltung die andere jagte. Die Einheimischen hatten oft drei Kinder, die sie zu sittsamen Staatsbürgern erzogen. Sportvereine, Kulturvereine und auch die Kirchen beteiligten sich daran. Es gab aber hier kaum „Vergehen" durch Züchtigungen „unterhalb der Gürtellinie". Das besorgten Eltern und Verwandte selbst. „Oberhalb der Gürtellinie" waren oft Schule und Kirche zuständig. Aber in dieser Kurstadt blieben Kinder von Attacken verschont, wie von denen, die sich in verschiedenen Gegenden unseres Landes abspielten. Zur Kinderzahl gilt ein Wort des derzeitigen Papstes Franziskus (Jan.2015). „Die Katholiken müssen sich nicht wie Karnickel vermehren, drei Kinder sind aber angebracht"! Also verhielten sich die Einheimischen in der Kurstadt seit jeher „kirchengerecht", denn fast jede Familie hatte höchstens drei Kinder. Wenn jemand hier psychische und physische Schäden bekam, dann gab es am Rande der Stadt mehrere Kliniken nach Heiligen benannt. Diese waren zuständig für die Heilung geistiger und körperlicher Leiden.

Ich wurde mit der Zeit Stammgast in dieser Privatpension. Meist buchte ich schon bei der Abreise die nächsten Termine. Es gab auf Wunsch Frühstück und Abendessen. Nur musste man einen Tag vorher das Essen absagen, denn die Pensionsinhaber hielten keine Schweine zum Verfüttern überschüssiger Nahrung. Es gab noch keine Tafel für Lebensmittel für Bedürftige am Ort.

2. Die Eigentümerfamilie

Der Eigentümer der Pension, ehemals Großbauer, war immer auf der Suche nach neuen „Schollen". Die Bank hatte ihm dazu großzügig Darlehen vermittelt, wobei natürlich oft wieder Vetternwirtschaft, die üblich und bekannt ist, eine Rolle spielte. Er galt früher bei verschiedenen seiner Branche als angesehener Kaufmann. Der armen Ehefrau des Eigentümers, die nur in der Küche und mit Aushilfen beim Zimmerservice zu sehen war, wurde ein Verhältnis mit einem Jüngeren nachgesagt. Hier kann man von „Mäzen" und einem „Mäzenatentum" sprechen. Ich hielt dies alles für üble Nachrede. In Bayern gab es viele derartige Nachreden im politischen Bereich. Natürlich ticken hier die Uhren anders. Staatsbeamte konnten bekanntlich ihren Familienangehörigen, zu denen in Einzelfällen auch Hunde, Katzen und noch ungeborene Kinder gehörten, Gehalt zahlen, was sich steuerlich dann günstig auswirkte. Diese Vergünstigungen sind vorbei, aber die Vorgänge sind nicht ausgeschlossen in der Zukunft!

Der Pensionseigentümer war ein Allroundmensch und in jungen Jahren ein Muskelprotz. Er konnte Liter Bierkrüge in seinen großen Händen halten und sicher auch leeren. Leider sind diese Zeiten vorbei. Er wurde altersbedingt sehr schlank und schmal. Später konnte er nur noch Geld zählen und vermehren, dass hatte er auch studiert mit Diplom, nachdem er seiner „Scholle" Ade sagte. Ein ehrlicher deutscher Kaufmann sollte immer

Diplom haben, genau wie ein redlicher Politiker den „echten" Doktortitel, keinen falsch erworbenen. Der Pensionsinhaber war in der Lage, sich rasch anzupassen. Je nach seinem Gegenüber beherrschte er das Urtypische der Fränkischen Sprache. Als ich ihm sagte, ich wäre ein „echter" Doktor, sprach er sogar reinstes Hochdeutsch. Wir lachten dann gemeinsam über das Gesagte. Ich wechselte schnell auf seinen Gesundheitszustand und seine enormen Aktivitäten. Dies gefiel seiner Gattin gar nicht so und sie pfiff ihn zurück. Kurz und gut, er ist mit der Zeit ein Greis geworden und sieht auch so aus. Er hatte aber bisher immer die Kraft, dem „Sensenmann" zu entkommen.

Der Eigentümer gärtnerte, „graste" bisweilen auf allen Vieren, mal saß er auf einem Traktor, mal auf einem Heuwagen. Auch schob er einen lärmenden Grasmäher. Das letztere machte im derart Spaß, dass er die übliche Mittagsruhe vergaß und unbewusst Leute von ihren Balkonen vertrieb, die seine Gäste waren. Dies geschah meist bis zum Einbruch der Dunkelheit, während seine Angetraute nicht zu sehen war. Sie ging offensichtlich anderem Zeitvertreib nach, der nicht nur die Küche betraf. Meist wankte er dann zu später Stunde in verschmutzter und nasser Arbeitskleidung in seine Wohnung und in die Hände seiner Frau. Dann war er plötzlich für längere Zeit weg. Seine Gattin musste nun doppelt schuften mit den Aushilfen. Man munkelte schon, er sei krank, tot oder im Pflegeheim. Ich freute mich ungemein, ihn wieder bei meinem nächsten Kururlaub zu sehen zu neuem Schaffen, obwohl er sichtlich schwächer geworden war. Er war wie der Phönix nach dem Feuer verjüngt aus der Asche entstiegen. Dennoch sah er ziemlich ramponiert aus! Der Winterschlaf hatte ihm kräftemäßig gut getan. Dann das gleiche Wirken wie immer, abends fiel er todmüde in die Hände der treu sorgenden Gattin, wobei sie überglücklich lächelte und er strahlte zufrieden im Glücksrausch zurück. Was für einen guten Mann sie doch hatte, er sorgte sich wie jeder Anständige um Haus, Hof und Pension. Eines Morgens stand er zitternd im Hof und suchte ihren PKW. Sie war nicht wie üblich nach Hause gekommen. Die Polizei fand sie ertrunken in der Saale. Sie war schon immer eine Raserin, besonders wenn es darum ging, ihr „Mäzenatentum" auszuüben. Bei der Anfahrt zum letzten Treffen raste sie zu schnell in die Kurve vor einer Saalebrücke. Ihr Wagen durchbrach das

Geländer und stürzte mit ihr hinunter. Leider fand man sie erst im Morgengrauen tot im Fluss. Die Trauer in der Pension im „weißen Haus" am See unter den Stammgästen war groß, denn die Gattin war bei fast allen beliebt. Ich war sicher die Ausnahme, da ich sie mehrmals tadelte wegen Kleinigkeiten. Der Witwer bekam einen Schock und wurde in eine psychiatrische Klinik eingewiesen. Dort war er beschäftigt mit einem Kinderrasenmäher den Teppich im Vorraum zu mähen und das angeblich vorhandene Schnittgut in einem Kinderschubkarren wegzufahren. Er hatte immer den blauen Arbeitsanzug mit einem Paar Stiefel an und das rote Käppi auf, wie bei seiner Beschäftigung in seiner gewohnten Umgebung in der Pension. Der Kindertraktor wurde ihm weggenommen, er hatte damit Besucher angefahren. Der Freund der Frau wurde von der Polizei verhaftet, angeblich waren die Bremsleitungen des PKWs angeschnitten. Man vermutete, dass es auch der ahnende Gatte gewesen sein könnte. Der saß aber schon in der Psychiatrie, nun lebenslang und war nicht ansprechbar. So musste die Justiz den Freund doch wieder frei lassen. „In dubio pro reo", sagt der „Latriner", Verzeihung es heißt der Latiner! Die

Tochter des Eigentümers erbte nun alles, nachdem sie ihren Vater entmündigt hatte. Uns war wieder eine Hausmutter zu Diensten mit entsprechendem Gesinde. Die war jünger und hübscher als die Vorgängerin. Auch ich fühlte mich bei meinen Aufenthalten nun noch wohler. Sie schätzte mich als Gast und „echten" Doktor.

2. Der Hausmeister

In einer kleinen Wohnung der Pension war ein Ehepaar so um die 50 Jahre, gut erhalten und lustig, die Frau aber schwerkrank in der Psyche. Der Mann war rüstig, immer auf Wanderschaft und Erkundigungen. Mit Sicherheit hatte er das „restless leg syndrom" (die große Unruhe in den Gliedmaßen, besonders in den Beinen). Mal fand er eine offen stehende Tür von Gästen, mal einen stinkenden Müllsack, dann hatte einer das Zimmerlicht vergessen auszuschalten. Auch hilfsbereit dirigierte er die Frauen beim Aus- und Einparken der PKWs, weil die Parkplätze eng waren. Nur bei den Frauen tat er diesen Hilfsdienst ohne Trinkgeld. Im Gästewaschraum war er öfters gegenwärtig und half selbstlos beim Einwurf der Münzen in die Waschmaschinen. Ich erwischte den strengen Sittenwächter mehrmals, als er sich an dem befüllten Trockner mit meiner Wäsche zu schaffen machte, da dieser für seine Ohren angeblich zu laut war. Vielleicht wollte er nur die edle Reizwäsche meiner Partnerin als Anschauobjekte für seine Phantasie begutachten. In wahrer Voraussicht trocknete sie diese später aber im Badezimmer. Selbst die von mir benutzte Waschmaschine und deren Stromkabel fanden vor seinen flinken Händen keine Ruhe. Er hatte anscheinend auch das „restless arm and hand syndrom". Er schaltete sie bisweilen aus, um Energie zu sparen oder um mich zu ärgern. Ich musste dann nochmals neu beginnen mit dem Waschen. Aber auch mir half er immer großzügig Gepäck hochzutragen. Er wusste fast über jeden Gast Bescheid, sicher auch über mich. In einer Privatpension musste schon Zucht und Ordnung herrschen. Da ist es angebracht, wenn man einen solchen Hausmeister, der auch in Polizeiaufgaben tätig ist, hat. Dem von mir vermuteten „restless leg syndrom" widersprach er energisch. Es sei sein Bewegungsdrang und seine agile Art. Wir trafen uns manchmal zufällig, auch mit seiner Frau im Park, in der Kneipe, bei Veranstaltungen und in der Kirche beim Beten. Wahrscheinlich war er gläubiger als ich. Er trat immer sehr zackig auf und bisweilen marschierte er stramm durch Haus, Feld und Flur, es fehlte nur ein geschultertes Gewehr. Er erschien mir als „FmB" (Frührentner mit Beschäftigung) und war sehr regsam im Gegensatz zu seiner Frau, die wie bereits angeführt, kränkelte. Täglich fuhr er den PKW vor, mit der dienstbeflissenen Rolle eines Chauffeurs, der eine wichtige Person transportiert. Diese, meist ein Pensionsgast oder auch bisweilen seine

Frau, wurde dann in den Personenwagen verladen, wie Sicherheitspersonal es mit Geldkoffern tut. Eines Nachts hörte ich unten im Haus einen Knall. Ich dachte es wäre ein Sektkorken, anlässlich eines Geburtstages. Es war aber ein Schuss. Kurz danach sah ich den Notarztwagen und dann die Polizei. Am nächsten Tag erfuhr ich vom angeblichen Selbstmord der schwerkranken Frau, ausgeführt mit einer Pistole. Ich glaube aber nicht, dass sie überhaupt in der Lage war, eine solche zu halten, geschweige denn, damit zu schießen.

Unser Hausmeister war nun auch Witwer und musste aufgrund des seltsamen Selbstmords seiner Frau in einem großen Altenheim seinen Lebensabend verbringen. Er war dort nicht untätig. Wegen seiner qualifizierten Berufsausbildung reparierte er Rollatoren, versah sie mit Nummernschildern und Navigations-Geräten. Auch installierte er dafür Software, damit man bei Patienten mit Vergesslichkeit, dieselben besser fand, wenn sie sich verirrten. Er hatte so eine sinnvolle Beschäftigung in einem Ehrenamt gefunden. Und wenn er nicht inzwischen verstorben ist, werkelt er noch heute!

4. Die Kurverwaltung

In jeder Kurstadt in Deutschland gibt es einen gutbezahlten Kurdirektor mit entsprechendem Gefolge. Je nach dessen Anzahl ist er besonders qualifiziert und hat diverse Aufgaben. Ich möchte dem Kurgast nun ersparen, alle Zweigbetriebe seines Verantwortungsbereiches zu nennen, es würde Seiten füllen. Nach der Zahl der Leute, die diesen Dienst am Kurgast leisten, berechnet sich aber auch die Höhe der Kurtaxe. Bei kleineren Orten in Deutschland, in denen man ebenfalls kuren kann, ist diese unter anderem gering. Manche Kurorte verlangen anstatt der Kurtaxe nur Parkgebühren, die aber summiert sehr hohe Beträge ergeben können . Mit den Kurdirektoren ist es etwas anders als mit den zahlreichen Stadträten und den Bürgermeistern, die demokratisch gewählt werden. Sie bekommen Aufwandsentschädigung, Steuerermäßigung, letztere auch Gehalt. Bei den Kurdirektoren gelten noch die harten Gesetze wie in der Industrie, „Hire and Fire", ist das Prinzip. Wenn einer nichts bringt, wird er ins Abseits gestellt, sprich gefeuert, denn man findet immer einen Grund. Dem vorherigen Kurdirektor hatte man leider kein Gnadenbrot gegeben. Er war plötzlich weg vom Fenster.

Nun doch einige Bereiche, für die ein Kurdirektor zur Verantwortung gezogen werden kann. Zunächst ist es die Anzahl der Kurgäste, die eine Steigerung aufweisen muss. Natürlich kann man auch tricksen wie bei Vereinen, die eine größere Mitgliederzahl erfinden, um staatliche Subventionen zu erhalten, wenn sie gewährt werden oder Steuerersparnis. Jedoch spielen hier meist die Kurpensionen nicht mit, denn kein Kurdirektor kann begründen, wenn zahlreiche Betriebe am Ort schließen müssen und dennoch die Kurgastzahlen steigen. Ein „Findiger" kann das natürlich mit der Zunahme von Tagesgästen begründen, die meist Speis' und Trank von zu Hause mitnehmen oder in den Supermärkten zuschlagen. Wenn aber der Reha Patient und der „Krankenhaus Geschädigte" mit in diese Zahlen einfließen, ist dies auch im Einklang mit den Krankenversicherungen belegbar. Deren Leistungen steigen, da die Zahl der Kranken ständig zunimmt. So sind in mancher Kurstadt statistisch gesehen, mehr kranke als gesunde Kurgäste. Bei den Tagesgästen gibt man einfach Tageskurkarten mit Gutscheinen aus. Hauptsache die Statistik stimmt am Ende!

3. Das Kurkonzert mit der Dirigentin

Konzerte in Kurstädten sind schon etwas Besonderes, nicht nur was die Eintrittspreise betrifft. Die Gagen der auftretenden Künstler steigen oft ins Unermessliche. Die Preise für ihre Darbietungen bringen bei vielen Kurgästen den Etat so durcheinander, dass sie sich danach kaum ins Kurcafe setzen, geschweige denn, noch das Tanzbein schwingen können.

Beim Kurkonzert ist das nun anders. Hier ist alles bezahlt, sogar tanzen kann man, wenn zum Schluss der Disco-Fox gespielt wird. Der „Musikguru" des Kurorchesters mit fast 16 Mann Besetzung war Julischka. Bei ihr kam die Frauenquote voll durch. Einige Kurorte passen sich diesem politischen Trend an. Mich erinnerte ihr Auftritt immer an das ungarische Lied „Die Julischka, die Julischka aus Budapest, die ist ein Mädel, die halt' ich mir fest". Das war auch meine Devise, denn ich saß beim Konzert immer in der ersten Reihe, fast wie beim Fernsehen. Die Dirigentin war schon ein Energiebündel, ihr Outfit konnte begeistern und hinreißen, wenn sie ihr Instrument spielte.

Sie war höchstens 30 und lächelte immer bei den Ansagen, wobei ich glaubte, sie lachte nur mich an. Aber anderen Kurgästen ist es sicher auch so ergangen. Ihre vollen zierlichen weiblichen Formen brachte sie immer zur Geltung. Eine Bohnenstange war sie nicht, ich schätze 1,6 m. Leider hatte sie fast immer einen Rock bis auf den Boden an, so konnte man ihre Größe schlecht einsehen, denn die Höhe ihrer Schuhe blieb verborgen. Nur manchmal kam sie auch in engen Hosen und High-Heels. Das war dann die Aufregung pur, besonders für Männer jenseits von 70. Manch alten Greis konnte sie dann auf dumme Gedanken bringen, besonders wenn sie noch einen tiefen Ausschnitt trug. Ihr schwarzes Haar, das eindeutig nicht gefärbt war, hatte sie zu einem Pferdeschwanz gebunden. In solchen Fällen wippten nicht nur die Beine der männlichen Kurgäste mit im Takt, sondern auch ihr Pferdeschwanz. Ihr kecker kleiner Busen hüpfte ebenso rhythmisch. Ich dachte manchmal er springt nach oben aus dem Ausschnitt. Den Gefallen tat uns aber die clevere gutaussehende Dirigentin nun nicht. Ihr Outfit war schon etwas Besonderes, immer etwas anderes und das passte nun gar nicht zu ihrer Stimme. Bei den Ansagen krächzte sie heiser ins Mikrofon in einem Dialekt, der sicher von ihrer osteuropäischen Landessprache kam. Ich verstand meist ihre Ansagen nicht und klatschte daher kaum. Alles kann aber auch an der veralteten Mikrofonanlage und der Akustik gelegen haben. Als ihre Kollegen ansagen durften, war es das gleiche Problem, nur sprachen diese verständlich deutsch. Ich hatte mir für diese Anlässe des mittäglichen Spektakels ein Hörgerät zugelegt. Nein, es war kein altes Hörrohr mit Riesenmuschel, sondern ein modernes unscheinbares Gerät. Man will ja als Senior heutzutage nicht auffallen und bereits zu den Greisen gehören.

Ich hatte ihr gegenüber meinen Geburtstagswunsch geäußert, da ich an einem Tag, während meiner Kur, schon wieder ein Jahr älter wurde. Sie gratulierte mir höflich, nachdem sie sich überzeugt hatte von der Wahrheit meiner Aussage. Es gab einen kleinen Kuss auf die Wange mit einer Umarmung. Sie behauptete, so alt sähe ich nun wirklich nicht aus. Sie machte noch weitere Komplimente, die in dieser Situation angebracht waren. Ich überließ ihr die Auswahl des Stückes für den Abend. Ich dachte, es wäre dann die Gelegenheit, nur sie zu meiner kleinen persönlichen

Geburtstagsfeier einzuladen als Gegenleistung. Ihr Auftritt am Abend war im festlichen Kleid, natürlich mit Ausschnitt. Sie verkündete nun vor dem Publikum, der „Graf von Leiselheim", ein Kurgast, hat heute Geburtstag, ihm zu Ehren das folgende Ständchen, das sie ausgewählt habe. Dabei machte sie einen kleinen Knicks zu mir in der ersten Reihe und ich konnte wegen des Ausschnittes unauffällig die hüpfende Bewegung des Inhaltes verfolgen. Es kam die kleine Nachtmusik von Mozart. Ich machte mir schon Hoffnung für einen Abend mit Julischka, an eine Nacht mit ihr dachte ich vorerst nicht. Nach dem Konzert habe ich mich bedankt und sie wieder tollkühn eingeladen. Leider bekam ich eine Absage, denn sie müsse heim zur Familie, da es schon spät sei. Aber sicher wäre es mal möglich nach dem Nachmittags-Konzert einen Kaffee zusammenzutrinken im Kurcafe, obwohl das der Kurdirektor gar nicht gern sähe. Ich sagte dann, den nehmen wir mit, wobei sie mich nun anlächelte und in ihrem Dialekt sagte: „Dann müssen wir ihn nach dem Kaffee aber ausbuuten". Sicher meinte sie ausboten! Ich ließ in dem kurzen Gespräch auch anklingen, dass ich schon immer etwas für die Musik empfunden hatte. Ich war mit der Tochter eines bekannten

„Musikgurus" mit Bundesverdienstkreuz, aber keinem Politiker, lange Zeit liiert. Dessen Name war ihr geläufig. Es zeigte mir, dass ebenfalls die Musik ihre wahre Leidenschaft war.

Ihre Mannschaft hatte Julischka während des Konzertes gut im Griff. Sie spielten wie Meistermusiker, manchmal in edlem Anzug, meist rot sonntags. Die Trompeter wurden dann noch „knallroter" im Gesicht. Das „Blasen" ist halt auch für Geübte anstrengend. Alle Solisten mussten nach fast jedem Musikstück und dem Applaus danach rasch aufstehen. Sie verneigen sich zum Publikum und warteten genauso artig stehend, dass der Applaus nie enden würde. Ihre Blicke wurden immer verklärter. Dabei lächelte die Dirigentin unentwegt. Die Szenerie wurde dann leider wieder durch ihre krächzende Stimme unterbrochen.

Träume sind Schäume, so auch bei mir. Ich versäumte fast kein Kurkonzert und kenne bestimmt 1000 Melodien immer mit der entsprechenden Gestik von Julischka. Mitunter lächelte sie mir unentwegt in der ersten Reihe zu und das machte mich glücklich. Julischka und die Musik, da schwebte ich im 7. Himmel, leider ohne sie.

Noch einmal habe ich es gewagt, sie für den Mittagskaffee einzuladen. Es ging leider nicht, sie musste zum Zahnarzt. Ich dachte, so schlimm können das Konzert und ihre Solisten heute doch nicht gespielt haben! Leider war mein Kuraufenthalt dann vorbei und ich verabschiedete mich höflich von Julischka. Vielleicht sehen wir uns im nächsten Jahr wieder, fragte sie mit ihrer typischen Aussprache. Sie lächelte mich an und schüttelte mir die Hände heftig. Einen kleinen Kuss gab es zum Abschied. Mein Herz schlug bis zum Hals, obwohl sie diesmal ein geschlossenes Kleid an hatte. Aber die Gestik und der Geruch ihrer Haut klingen noch heute bei mir nach. Sie war schon eine besondere Frau! „Mal schauen", erwiderte ich! Julischka habe ich nie wieder gesehen, aber in meiner Erinnerung hat sie ein bleibendes Andenken. Bereits ein Jahr später schwenkte ein stämmiger Dirigent den Taktstock beim Konzert. Ich ging dann viel seltener zu der Musik im Kurhaus. Sicher hatten meine männlichen Kollegen die gleiche Einstellung, denn meist waren besagte Kurkonzerte gähnend leer!

6. Die Brunnenfrauen

„Ist ein Mann in Brunnen g' fallen, hab ihn hören plumpsen, wär' er nicht hineingefallen, wär' er nicht ertrunken." So lautet die Melodie eines alten Kinderliedes. Die Brunnenfrauen sind auch dafür da, den Kurgast vor solchen Stürzen zu bewahren. Vor Jahren konnte man leichter in die Brunnen fallen, heute sind sie alle gesichert.

Ehemals waren die Brunnenfrauen „Brunnenweiber", aber heute kann man sie nicht so nennen. Es sind ehrbare Damen. Früher waren sehr Hübsche dabei, wenn man den Abbildungen Glauben schenken darf. Jetzt sind es meist seriöse Frauen, die wegen der Kosteneinsparungen nur stundenweise arbeiten, damit es auch einen Kurdirektor geben kann. Das ist schon wichtig für eine Kurstadt.

Diese Angestellten passen also auf, dass weder Frauen noch Männer in die Brunnen fallen, beim Füllen ihrer Gläser. Besonders wenn sie vorher ein anderes Glas schon mit etwas Alkoholischem probiert hatten und es mit dem guten Kurwasser hinunterspülen. Manches „Kurwässerle" hat es aber in sich, vorwiegend im Magen-Darm-Bereich. Der Kurgast schafft es dann gerade noch zur

Toilette, wobei die Brunnenfrauen ebenfalls Wegweiseraufgaben haben. Den Rest muss der Kurende selbst erledigen. Es gibt sehr viele Toiletten im Kurgebäude sowie in den Anlagen. Dafür sind Toilettenfrauen oder -männer zuständig, die bisweilen eine schwere Aufgabe haben. Das „Kurwässerle" hat einen so „durchschlagenden" Erfolg, sicher wegen des hohen Salzgehaltes. Da sind besagte Dienstleister ständig im Einsatz mit Reinigungsaufgaben, denn ein Kurort muss sauber bleiben. Aber keine Angst, liebe Kurgäste, nicht jeder hat die Beschwerden wegen des Salzes im Wasser, das für die Entschlackung des Darmes gut ist. Meist sind es andere Schadstoffe in unserer Ernährung.

Manche Kurstädte haben viele Brunnen mit den Heilwassern. Einige Kurorte sind mit allen Wassern gewaschen, weil sie jede Quelle anders bezeichnen, obwohl sie alle einen gemeinsamen Ursprung in der „Kur-Erde" haben.

Auf die Verdünnung kommt es an, wie beim Alkohol und in der Homöopathie. Man kann die „Ur-Kur-Sole" verdünnen und schon hat man wenigstens eine Quelle mehr und ist berühmter als die

Konkurrenz. Eine Quelle haben heute nur noch „Wald und Wiesen Kurorte", deren Besucherzahlen aber stark rückläufig sind.

Manch eine Brunnenfrau arbeitet mitunter nur einige Stunden täglich und betreibt nebenbei einen Kiosk außerhalb des Kurgartens. Dort werden die harten „Kurwässerle" vertrieben, wie Obstwässerle zu hohen Preisen. Die Gläschen sind in der Regel hier viel kleiner, wenn man nicht abgefüllte „Geister" aus Flaschen bevorzugt. So gehören die Brunnenfrauen immer zum Service eines Kurbades. Freundlich sind die Damen alle ohne Bakschisch (Trinkgeld). Sie sind die guten Geister am Ausschank und werden es bleiben, solange es Kurbäder gibt!

7. Reitlehrerin Marie

Im Kurstädtchen gab es auch einen Reiterhof. Geübte Reiter können dort ihrem Hobby nachgehen oder Anfänger-Reitstunden bekommen. Eine Gaststätte ist dabei und viele Wander- und Reitwege in der Umgebung. Ich weilte dort auf dem Parkplatz und war beschäftigt, aus dem Kofferraum des PKWs Gegenstände zu holen. Da wurde ich von hinten berührt und eine sanfte Stimme mit seltsamen Dialekt begrüßte mich. „Guten Tag, ich heiße Marie. Ich bin hier beschäftigt als Lehrerin". Nanu, dachte ich, eine Schule ist in der Nähe nicht, aber sicher in der Stadt. Sie reitet hier oder hat sogar ein eigenes Pferd. Ich schaute in das Gesicht einer jungen Frau zwischen zwanzig und dreißig Jahren. Dann fand die übliche Konversation statt, sie war Lehrerin und auch Reitlehrerin. Eine nette Frau, dachte ich. „Ich arbeite nebenbei abends im Restaurant als Bedienung, da bin ich in der Nähe des Pferdes. Als Lehrerin verdiene ich ja nicht so viel, dass man sich Wohnung, Auto und Pferd leisten kann. Reiten Sie ebenfalls?" fragte sie. „Ich bin früher mal geritten, als meine Tochter ein Pferd hatte, aber nun habe ich zu wenig Übung und kein Interesse mehr. Außerdem möchte ich in meinem Alter nicht vom Pferd fallen, höchstens irgendwann in die Grube", spaßte ich. „Wir können doch mal zusammen ausreiten, natürlich mit einem edlen lammfrommen Pferd, das besorge ich Ihnen", sagte sie. „Natürlich nur sanft für den Anfang. So alt sind Sie doch nicht", flirtete sie mit schmeichelnder Stimme. „Ich habe schon Urgroßvätern wieder den Spaß am Reiten vermittelt", zwinkerte sie mit einem sanften Augenaufschlag zu mir gerichtet. „Sie sind noch nicht mal Großvater, oder"? Da hatte sie Recht! „Ich zeige

Ihnen dann wie es geht, Sie können Ihre Praxis auffrischen. Galoppieren sollten wir beide dann später zusammen". Ich dachte nun, diese Frau kommt schnell zur Sache, aber warum gerade ich? „Ich bin hier als Reitlehrerin immer auf Kundenfang aus, das muss man heute. Ich vermutete, Sie wollten Reiten lernen". Ich hatte sie bisher nicht genau angesehen. Marie war von hoher Gestalt, etwas burschikos, wenig oder kein Busen, aber große Hände. Sie brauchte diese besonders für ihren Werkunterricht, denn sie gab Kunst und Französisch, was gut zu ihrem Nebenberuf passte. Ich sah nun auf ihre langen Beine hinunter, sie trug kurze Hosen. Sie hatte leichte O-Beine, war gut gebräunt an ihren Beinen, Armen und im Gesicht. Sie war eine gute Reiterin wegen der O-Form der Beine, dachte ich bei mir. Aber ihr fehlte der kräftige Hintern, sie war sehr schlank. Dass mit dem Hintern wusste ich von meiner Tochter, sie gab mit 24 Jahren das Reiten auf, mit der Begründung, Frauen, die lange Zeit reiten, bekommen meist einen dicken Hintern. Ob das so stimmte? Meine Tochter drückte es aber etwas ordinärer aus. Sie war ebenfalls schlank wie diese Lehrerin, hatte aber nicht diese 0 Form der Beine. Vielleicht war sie deswegen ungeeignet für die Reiterei, obwohl sie mehrere Preise bei Turnieren gewonnen hatte.

Wir trafen uns noch öfters im Pferdestall, nicht im „intimen" Bereich der Pferdeboxen, sondern im Pferdeschuppen, so hieß die Kneipe dort. Marie bediente hier ebenfalls.

Ich traf sie nie in männlicher Begleitung und dachte, das „Girl" sieht doch passabel aus, warum ist sie solo? Eines Tages sah ich sie mit einer jungen Frau, dunkelhaarig, kleiner als sie, aber mit sehr fraulichen Formen im Gegensatz zu ihr. Wir trafen uns nun zufällig zur Sonnenwendfeier auf dem Reiterplatz. Die Lehrerin trug ein leichtes luftiges Gewand bis zum Boden. Die andere war klein, zierlich, hatte schwarze Haare, war sehr gepflegt. Sie trug einen engen dunklen Pulli mit weiten Maschen, der den Busen betonte und einen kurzen Rock sowie High Heels wenigstens 12 cm hoch. In den Händen hielten beide je eine Schale mit Gebäck und Süßigkeiten. Sie hatten leuchtende Augen. Ich kam mir vor wie der Held in einer altgriechischen Sage. Es gab jetzt einen kleinen Begrüßungskuss auf die Wange mit einer Umarmung, als wären wir schon jahrelang befreundet.

Zwei nette Frauen, dachte ich und besorgte die notwendigen Getränke für uns, einen 13-prozentigen französischen Rotwein, Hausmarke, und Mineralwasser. Diesmal bediente Marie nicht oder nur mich durch ihre Anwesenheit und die ihrer Freundin. Mir wurde warm ums Herz, besonders als Marie, die Ältere, mein Video-Aufnahmegerät sah. Sie warf sich in Positur, um abgelichtet zu werden. Sie dachte dabei sicher an einige filmreife Szenen, denn sie hatte ein weiteres Hobby, wie ich erfuhr, die Fotografie! Gefilmt zu werden mache ihr nichts aus, betonte sie, aber ich war zu gehemmt für einen solchen Versuch. Sicher hätte es ein paar schöne Szenen gegeben. Ich wollte nur das Sonnenwendfeuer filmen, natürlich insgeheim auch Marie und die Freundin. Die beiden jungen Frauen waren aus einer südbayerischen Stadt und ihr Auftritt erinnerte mich an Tristan und Isolde in der Wagner Oper. Die Lehrerin hatte ich ja schon beschrieben, die andere Jüngere war wesentlich fraulicher, was mir nun erst recht auffiel, als sie sich zu meiner linken Seite setzte. Marie gewahrte Abstand auf meiner rechten Seite. Ich war nun der „Hahn im Korb". Der bin ich, denn nach den chinesischen Sternzeichen ist der Zwilling ein „Hahn" dort nach deren Glauben.

Aber als Gockel benahm ich mich keinesfalls bei diesen Frauen. Im Gegenteil! Wir plauderten nun über Gott und die Welt. Ich hatte den Rotwein aufgemacht, den schweren Franzosen, dazu aßen wir das mitgebrachte Gebäck der Damen. Wir plauderten zu dritt wie alte Bekannte, die sich nach Jahren wieder trafen. Ich bevorzuge ältere Frauen, die jung aussehen, die passen besser zu mir. Sie fragten mich bezüglich meiner Partnerin, wir könnten ja mal zu viert kochen, denn Kochen wäre auch eine ihrer Leidenschaften. Ich sagte lakonisch, Kochen und Essen verderben die Figur, dass sehen sie an mir. Ich glaube kaum, dass meine Partnerin das möchte. Diese rief mich in diesem Moment gerade auf dem Handy an (Kontrollgespräch aus Eifersucht ??) und die zwei Damen verabschiedeten sich dann nach einer Weile und einem weiteren Glas Wein höflich aber kichernd. Sicher war es die Folge des schweren Rotweins. Kaum waren sie nun wirklich „entfleucht" wie aus einer Oper von Wagner, dann sah ich sie nochmals auf dem Parkplatz. Beide umarmten sich liebevoll eng und küssten sich leidenschaftlich. Das ist nun die wahre Götterdämmerung, dachte ich. Schade, dass hätte man sicher filmen können. Marie sah ich dann nochmal im Kurpark, wobei sie mich zu einem Kaffee einlud. Hierbei fiel mir ihre maskuline Erscheinung erstmals bewusst auf. Auch bei späteren Begegnungen mit dem Fahrrad, das wie üblich bei solchen Frauen ein Fahrrad mit Stange ist. Manchmal erschien sie dagegen fraulich mit Rundungen. Dies erinnerte mich dann sehr an Helga, eine Bekannte, die sich „up puschte" und push up BHs trug. So sind halt die Frauen mit weniger Holz vor der Hütte. Aber auf das „viele Holz" kommt es bei Männern wie mir nicht unbedingt an, die sogenannten inneren Werte sind wichtiger. Bitte lassen Sie, geehrte Leser, mich diese hier nicht aufzählen, sie würden Seiten füllen!

Durch einen Reitlehrer bekam ich später eine Information. Marie hatte ein Faible für Frauen, genau wie ich. Die dunkle Zierliche war ihre Freundin. Diese wohnte mit ihr zusammen. Manchmal trafen wir uns in der Kneipe zufällig. Sie kleideten sich aber immer häufiger wie graue Mäuse, besonders die Lehrerin lief nun öfters etwas legerer herum. So ist es halt, wenn man den richtigen Partner gefunden hat, kommt es anscheinend nur auf die inneren Werte an! Beide sah ich dann nur noch selten.

In der Zeitung stand eine kurze Notiz. In einer Wohnung am Stadtrand wurden zwei tote Frauen gefunden, die möglicherweise Opfer eines Ritualmordes geworden sind. Der Arbeitgeber der einen Frau hatte die Eltern informiert und diese die Polizei, nachdem die Tochter längere Zeit unentschuldigt der Arbeit fern blieb. Ich dachte nicht an die Beiden beim Lesen der Zeilen. Irgendwann sprach ich den Reitlehrer an, der mich ja mit den zwei Mädchen schon gesehen hatte. Ich fragte, ob sie nicht mehr in diesem schönen Kurort wohnten? Er wies bei meiner Frage zum Himmel und führte langatmig aus: Marie, die Lehrerin, wurde aufgefunden in einem aufreizenden Domina-Kostüm und einer Peitsche, High Heels und leeren Flaschen Domina Rotwein aus der Pfalz. Ihre Freundin war nackt an ein großes Holzkreuz gefesselt, ebenfalls mit High Heels und mit Body Painting Farbe bemalt. Beide Frauen hatten eine Überdosis Schlaftabletten mit Rotwein und Whisky genommen, denn zahlreiche Flaschen und leere Blister Packungen lagen herum. Sie waren vermutlich an einem Kreislaufkollaps gestorben. Das Holzkreuz, an dem die Freundin gebunden war, wurde von Marie selbst gewerkelt.

Die Fesseln und die Farbe stammten aus ihrem Werkunterricht von der Schule.

Ade Marie und Freundin, war mein trauriger Nachruf! Wieso aber das Kreuz? Ich wusste aus Gesprächen mit ihr, sie war ungläubig! Vielleicht hat sie der Herr vor dem Tode bekehrt, dachte ich. Nichts ist unmöglich! Die Wege des Herrn sind bisweilen unerklärlich. Beide fanden wieder zu ihrem Ursprung zurück, denn sie waren katholisch getauft!

Für den Leser bleibt nun eine Frage offen, hat „Paul von Leiselheim" bei den Damen Reitstunden genommen und haben sie ihm das Galoppieren wieder beigebracht? Konnte er dann wieder mit Hochgenuss reiten? Die Freundin war schon eine begabte Reiterin! Wie sagt man so schön im Französischen: „honni soit qui mal y pense!" Was so viel heißt wie: „Ein Schuft, der Böses dabei denkt!"

8. Die Moorleiche

In der Gegend des Kurbades gibt es verschiedene Moore, die man über Stege und alte Eisenbahnschwellen begehen darf. Darunter brodelt es und riecht nach Verwesung. Aber auch in den heiligen Badehallen des Kurortes muffelt es nach Vergangenheit und Moder, nicht nur weil die Personen betagter sind als die Spaziergänger über den echten Mooren. In diesen werden heute noch beim Torfstechen Moorleichen gefunden, meist gut konserviert, aus den vorigen Jahrhunderten. Zum Teil waren es unglückliche Frauen, die verlassen oder geschwängert wurden oder auch Männer, die den Druck der Arbeit und der Familie schon damals nicht mehr ertragen konnten.

„In diesen heiligen Hallen, wo man die Freude kennt" (nach Schiller!), werden seit jeher Moorbäder für spezielle Personen mit Erkrankungen der Gliedmaßen angeboten. Diese müssen aber ein ärztliches Rezept vorzeigen. Die Badeärzte arbeiten so Hand in Hand mit den Bädern. Natürlich wurde bisher nicht überprüft, ob das Rezept und die Person übereinstimmten. Man ging vom Prinzip des guten Glaubens aus, der auch für gefüllte Kassen bei den Bädern und für leere bei den Krankenversicherungen sorgte. So gelangte ein Mann in den besten Jahren (also wesentlich jünger als 70) in den Genuss eines solchen Moorbades. Dieses hatte für ihn einmalige Folgen, die man zunächst öffentlich verschwieg. Strotzend vor Gesundheit war er, so berichtete die Badefrau später, mit Goldketten um den Hals, um die Hüfte und um die Fußgelenke sowie „Muckis" (Muskeln) an den Armen, in das Heiligtum eingetreten. Die Badefrau war sehr beindruckt, besonders da er die

Muskeln spielen ließ, wenn er beide Arme rhythmisch anzog. Dabei wippten auch die trainierten Brustmuskeln mit. Natürlich wollte er damit nur ablenken, denn seine Bescheinigung war falsch, wie man später feststellte. Die Badefrau bereitete das Moorbad genau nach Vorschrift. Als er aber nackt in die Wanne stieg, war sie bezüglich eines anderen Körperteils von ihm, welches zu seinen unteren Extremitäten zählte, nicht mehr so begeistert. Mehr Schein als Sein dachte sie. Aber der Adonis hatte auch mit diesem winzigen Organ, wenn man es überhaupt wahrnahm, einen einmaligen Körperbau. Schließlich sind aus der Antike Skulpturen bekannt und noch vorhanden, in denen das winzige Kleinteil, nicht mit den Proportionen des übrigen Körpers übereinstimmt. Dennoch sind diese Skulpturen Kunst, wie es auch der Körper des Badegastes gewesen war. Die junge Badefrau entzückte sich darüber und machte eine Bemerkung, die den Badegast weiter anstachelte, seine Reize zu offenbaren. Als er nackt in der Wanne stand und ihr seine Kehrseite mit den wohlproportionierten Hinterbacken zuwendete, konnte er es sich nicht verkneifen, ebenfalls mit deren Muskeln zu wippen. Er wollte die Badefrau nochmals erfreuen, nachdem sie vom Muskelspiel seiner Vorderseite begeistert war. Mit dem daraus entstehenden Missgeschick hatte er sicher nicht gerechnet, denn es ging ein Schuss nach hinten los, medizinisch als Flatulenz bezeichnet. Natürlich musste die Badefrau daraufhin laut lachen und der Badegast stimmte mit ein. So hatten beide große Freude an der Darbietung. Er wollte die maximale Badedauer im Moorwasser, diese betrug eine Stunde. Als sie nach dieser Zeit die Wannenkabine wieder betrat, um ihm den kalten Guss mit Wasser zu geben, erschrak sie. Er lag starr und regungslos in der weißen mit Moorschlamm gefüllten Wanne. Zunächst dachte sie noch, er wäre eingeschlafen, wegen seiner friedlichen und entspannten Gesichtszüge. Nur das Gesicht ragte aus dem Moorwasser. Nein, er war nicht mehr ansprechbar. Mit dem schnell herbeigerufenen Kollegen versuchten beide ihn nun aufzuwecken und stellten aber fest, der Mann war tot. Dies bestätigte auch der alarmierte Kurarzt. Er fand eine Ampulle Anabolika (Muskelaufbaustoff) und die angebrochene Packung eines Potenzmittels bei seiner Kleidung neben der Wanne. Diese Kombination hatte zum Exitus geführt, wie die Gerichtsmedizin später bestätigte. Ob der Badegast etwas im Schilde führte nach dem Moorbad, kann man nur vermuten, denn die Badefrau war jung, vollbusig und blond. Sie war nach eigenen Aussagen total auf ihn und seine freundliche Art abgefahren. Der Anblick seines jugendlichen Körpers war für sie schon etwas Besonderes im Gegensatz zu den sonstigen „Schlaffis". An seinen weiteren Vorzügen war sie nach eigener Auskunft nicht interessiert. Das war nun der erste Fall einer Moorleiche im Kurbad und hoffentlich gibt es keine Wiederholung. Nun muss beim Badebetrieb, außer der Verordnung des Arztes, ein Ausweis mit Lichtbild vorgelegt werden, um ähnliche Vorfälle zu vermeiden.

„Wohltuend ist des Wassers Kraft, wenn sie der Mensch behüt', bewacht!" Ich glaube, beim Dichter Schiller sind einige Worte anders gewählt!

9. Kurseelsorger

In fast jedem Kurbad unternimmt die Kirche etwas für das Seelenheil. Manche Kurgäste sterben auch während des "anstrengenden" Kurens, da müssen die Pfarrer vorbereitet sein. Es gab hier aus Paritätsgründen gleich zwei katholische und zwei evangelische Geistliche. Die Bischöfe, die diese einsetzen, wissen sicher warum, nicht nur wegen der zahlreichen Kollekten und Ablässe für das Jenseits. Das war auch schon im Mittelalter so. Der gläubige Kurgast zahlt bereitwillig für sein Schicksal mit dem Gedanken, er möge während der Kur von seinem eigenen Tod verschont bleiben. Später kann dieser ja zuschlagen, wenn er wieder in gewohnter Umgebung bei seiner Familie ist. Ich überzeugte mich selbst davon; in allen Friedhöfen der schönen Kurstadt gibt es noch zahlreiche Grabstätten zu belegen, ganz im Gegensatz zu unseren Großstädten. Ich kann daher jedem Kurgast nur raten, wenn ihn das Schicksal doch ereilt, für immer bis in alle Ewigkeit am Kurort zu bleiben. Außerdem sind die Gebühren sehr viel niedriger, da von Einheimischen weniger die Nachfrage bezüglich Grabstätten besteht. Die leben bisweilen auch länger. Außerdem können die Hinterbliebenen in der Todesanzeige die Kurstadt mit nennen. Das zeigt, der Verblichene war wahrscheinlich kein „armer Schlucker", sonst könnte er sich keine Kur leisten!

Da mein „Adelsgeschlecht derer von Leiselheim" schon immer katholisch war, besuchte ich hier das katholische Pfarrfest. Ein weiterer Grund war, es wurden allerlei Lustbarkeiten geboten, einschließlich Speis' und Trank für einen kleinen Obolus. Der Pfarrer der Gemeinde ist aber kein Kurseelsorger, soweit hatte er sich noch nicht hochgedient.

Gegen 19 Uhr wollte man beginnen mit der „Fete" und ich wartete schon gespannt und war früher dort, auch wegen des „hochwürdigen" Pfarrers. Gegen 19 Uhr 30 dachte ich, ich bin auf der falschen Veranstaltung. Aber dann sah ich den Apotheker und dessen Frau. Ich wusste, die waren sehr katholisch. Beim Einlösen meiner Arztrezepte wollten sie mich damals schon für die Kirche gewinnen, unwissend, dass ich selbst ihr bereits angehörte. Ich wartete nun geduldig auf die Eröffnung durch den Pfarrer, wie es bei solchen Festen in meiner Heimat üblich ist. Auch stieg die Zahl der Teilnehmer nur zögernd und stockte dann gegen 20 Uhr. Wir waren genau 20 Personen, mitgezählt die Damen und Herren, die die ehrenamtliche Bewirtung ausrichteten. Ich fragte mich insgeheim, warum so wenige kommen und saß alleine am Tisch. Es gesellte sich eine „antike" Dame zu mir und begann mit Gesprächen. Sie breitete ihr Innerstes offen vor mir aus, wie eine Lebensbeichte. Da ich sehr seriös aussah, dachte sie sicher, ich sei eine Art Seelenverwandter. Ich hörte daraus, sie war eine doppelte Jungfrau, eine vom Sternzeichen her, und eine, die das Leben bestimmt hatte, ohne Partner zu sein. Ein letzter Gast kam nun, sehr jung, er hatte eine rote Jockey

Mütze auf und ein kariertes Hemd an. Inzwischen hatte die Kapelle angestimmt mit moderner Musik und mit schnulzigen Oldies, auch eine Tanzfläche war vorhanden, leider leer. Der Discjockey wird jetzt für Stimmung sorgen, dachte ich, aber er platzierte sich am Nachbartisch unter lautem Beifall. Vorher hatte er einen jungen Burschen Mitte zwanzig sehr herzlich auf die Wange geküsst und meiner Beobachtung zufolge zu fest umarmt. Ich dachte, die liefern jetzt zusammen eine „Nummer", aber nichts dergleichen tat sich. Die Kapelle machte nun Pause und aus den lockeren Gesprächen am Nachbartisch seitlich konnte man schließen, der Discjockey musste doch der Pfarrer sein. An meinen Tisch setzte sich nun ein älteres gut erhaltenes Ehepaar und die Konversation begann. Nach einer Weile grüßte der vermutliche Pfarrer das Paar und setzte sich zu uns. „Sie sind der Pfarrer?", fragte ich keck, „das sieht man aber nicht, Geistliche sehen anders aus!" „Wer sind Sie", war seine Frage und meine spontane Antwort: „Der Herr kennt mich bereits seit vielen Jahren im Gegensatz zu Ihnen". Alles lächelte. Ich hielt den Finger auf meine Lippen und flüsterte etwas leiser, aber so laut, dass es andere verstanden. „Ich bin vom Bischof dieser Diözese beauftragt, mal das Pfarrfest, für das er große Summen ausgibt, zu beobachten. Er ist nicht so ganz mit der Gemeinde zufrieden. Ich soll morgen meinen Teil zu Ihrer Predigt beitragen, erst Sie, dann ich". Der Pfarrer wurde bleich wie eine Leiche bei meinen Worten und stammelte, ich könne auch die ganze Predigt übernehmen, er wäre sowieso noch nicht vorbereitet. Da ich ein ehrlicher Christ bin, musste ich nun mit der Wahrheit ans Licht. Zunächst glaubte er meine Identität nicht. Alles lachte daraufhin am Tisch und er sprach sichtlich gelöst von seinen Streichen als Münchhausen während des Priesterseminars und anderen kirchlichen Belustigungen. Er war kein „Stiller" in sich „Gekehrter", eher sehr extrovertiert damals schon. Ich fragte nach der Anzahl der Einwohner in dem Vorort. Wie viele davon sind Katholiken und wie viele kommen sonntags in die Kirche? Ca. zehntausend Einwohner, die Hälfte katholisch, maximal kommen 100 an Festtagen, sonst höchstens in die Kirche um die zwanzig. Aber ihn regt oft zum Nachdenken an, fast jeder zweite Verstorbene will ein christliches Begräbnis, so hat er doch jede Menge zu tun. Über die evangelische Konkurrenz wollte er sich nicht auslassen. Viele Kirchenaustritte bei seinen

„Schafen"! Alles berichtete er mir teilnahmslos mit den Worten, „es ist eine gottgewollte Zeiterscheinung!" Meine geißelnden Bemerkungen, warum brauchen wir dann so viele Bischöfe und Pfarrer, begegnete er mit dem falschen Bibelsatz: „Viele sind berufen und viele werden auserwählt". Er betonte mit Taufen, Trauungen, Beerdigungen, Predigten und der Seelsorge sei er völlig überlastet. Auch wäre er herzkrank und berichtete mir von seinen Medikamenten. Ich konnte das weniger verstehen, auch dass er stundenlang hier durch die Wälder irrt, um sich zu erholen. Zur Jagd geht er dann manchmal mit dem Gemeindejäger. Auf meine Worte, sie müssen sich beraten lassen, mehr Öffentlichkeitsarbeit tun wie ihr Kollege, der schon längst im Ruhestand ist, aber sonntags immer volles Haus in der benachbarten Stadt hat. Eine Ausnahme, winkte er ab. Der Herr Pfarrer besprach dann mit „schwerer Stimme" etwas mit Anna, der Kirchenvorsteherin, nachdem er drei Glas Wein getrunken hatte. Dann lud er mich für die Messe am frühen Morgen ein und ich sagte lakonisch: „Vielleicht komme ich mittags, denn 8 Uhr ist mir doch etwas mitten in der Nacht." Ich äußerte bei der Kapelle den Wunsch, sie solle das Lied „nights in white satin" spielen. Damit wartete man aber bis zu dem Zeitpunkt, als der Pfarrer sich gerade aufmachte, noch „aufrecht" heimzugehen gegen 23 Uhr. War das Absicht von der Band? Ist er beliebt bei seinen „Schafen"? Sicher bei der Herde so um die 150, das genügt ihm auch, denn er ist kein Missionar. Sein Vorgänger kam immer im schwarzen Talar zum Gemeindefest, war seriös, trank Wein nur heimlich, außer dem guten Messwein, den er immer in zwei vollen Zügen beim Gottesdienst genoss. Seine Kirche war stets rappelvoll. Das war vor zehn Jahren bis zu seinem Ruhestand. Die Zeiten haben sich geändert und werden sich weiter ändern, Herr Pfarrer! Es wird Zeit, dass sich die Kirche auch ändert und den Spruch befolgt, „Geben ist seliger als nehmen"!

Und werdet ihr nicht willig sein, kommt keiner in den Himmel rein !

10. Die Psychante

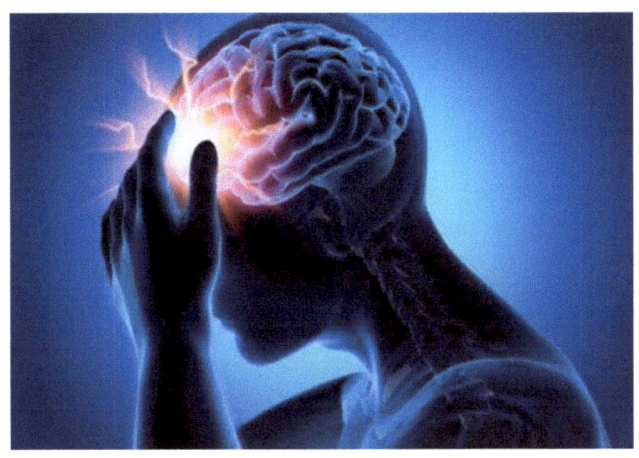

Eine „Psychante" (neue Wortschöpfung vom Autor!) ist eine Frau mit psychiatrischer Vergangenheit oder Zukunft, da man noch nicht weiß, ist die Erkrankung tatsächlich vorhanden oder wird sie nur gespielt. Es gibt viele solcher Fälle, wobei auch Psychiater und Psychologen mit integriert sind. Die männliche Erscheinung ist der „Psychant". Leider haben sich diese Begriffe in der

Literatur des Fachgebietes Psychiatrie noch nicht durchgesetzt.

Ich fuhr eines Abends die Einfahrt zum meinem Parkplatz hinab, dort lauerte mir die bisher Unbekannte auf. Ich blickte gerade in den Kofferraum meines PKWs, da kam von hinten eine Stimme wie blechern: „Gell, wir haben uns noch nicht bekannt gemacht. Ich wohne auch hier unter dem Dach als Gast und sehe Sie öfters, wie Sie Ihre Balkonpflanzen bewundern. Sprechen Sie auch mit diesen?" „Dann sind Sie gewissermaßen eine Dachschwalbe, die aufgrund ihrer erhöhten Position alles beobachten kann", sagte ich und sie lächelte. „Ich liebe das Leben", sagte sie verträumt, „Ich habe schlechte Erfahrungen mit Männern gemacht und will hier ein neues Leben beginnen, solo. Ich habe zu mir selbst gefunden und bin glücklich darüber, dazu brauche ich keinen Mann mehr. Der letzte Schritt dafür war mein neues Auto". Sie kam aus der Gegend der Kurstadt, wollte aber nicht daran erinnert werden. „Sie armer Mann", fügte sie nun hinzu, „Sie sind sicher Witwer, Ihre Frau ist verstorben und Sie sind auch alleine und einsam, genau wie ich". Soviel Mitgefühl hatte ich selten erhalten und sagte: „Nein, ich habe eine Partnerin, die mitunter kommt, da sie noch einige Jahre beruflich tätig sein muss". „Sie armer Mann", sagte sie erneut und verschwand. Komisch, dachte ich. Sie begegnete mir manchmal und ich wurde immer bedauert, alleine zu sein. Vielleicht wollte sie ihr unglückliches Sein beruhigen, indem sie mich als noch unglücklicheren Mann betrachtete. Manchmal schaute sie auf meinen Balkon hoch mit melancholischem Blick, der aber eisig war, wenn sie meine Partnerin, die zu Besuch weilte, dort wahrnahm.

Angeblich, so ein weiterer Pensionsgast im Zimmer darunter, drehte sie in der Nacht ihre Runden. Sie ließ die Fenster geschlossen, obwohl sauerstoffhaltige Luft bekanntlich die Heilung des kranken Gehirns beschleunigt, so meine Erfahrung. Währenddessen soll die verbrauchte Luft euphorische Rauschzustände hervorrufen, so sagt man. Es gibt Menschen, die ziehen sich Plastiktüten über den Kopf, um diese gewisse Euphorie im Rauschzustand hautnah zu erleben. Wenn sie aber vergessen, die Tüten rechtzeitig zu entfernen, ersticken sie durch den fehlenden Sauerstoff in einem Lustrausch. Gerettete Patienten haben berichtet über solche Nahtoderfahrungen.

Dies soll wahrscheinlich ein schönes Hinscheiden sein. Ähnlich ist das Ableben nach dem langsamen Ausbluten beim Aufschneiden der Pulsadern in heißem Wasser. Auch eine Inhalation von Kohlenmonoxid soll diesen sanften Tod hervorrufen, genau wie massiver Nikotingenuss in hohen Dosen. Die Krönung eines angenehmen Todes soll aber das langsame Erfrieren sein, das auch schon literarisch beschrieben wurde. Zunächst wird es als kalt empfunden, dann als wohlige Wärme und man schwebt in anderen Sphären ohne Schmerzen. Wenn das Blut erst danach in den Adern langsamer fließt durch die Kälte, ist man sanft hinüber geschieden. Gezielte Kältetherapie (Kryoskopie) spielt in der Medizin seit Neuem eine Rolle. In letzter Zeit sah ich die „Psychante" öfters mit einem auf dem Kopf und an den Armen sehr behaarten Mann. Er hatte ein asketisches Aussehen und war vom Typ her „Südländer". Er trug eine Hornbrille, durch die er einen ernst anschaute mit tief liegenden Augen und einem durchdringenden Blick. Ich mied die Begegnung, denn jedes Mal bekam ich dadurch eine Gänsehaut und einen Schauer durch meinen Körper gejagt. Vielleicht bin ich auch zu sensibel? Eigentlich wollte die „Psychante" ein neues Leben beginnen ohne Männer. Vielleicht war es auch kein Mann, so genau schaute ich nie hin. Gerüchte schwirrten um beide, er sei ein Therapeut und sie seine Patientin, die er öfters zu Hause besuchte. Manchmal verbrachte er mehr Freizeit bei der angeblich Kranken als bei der Arbeit. Ihr PKW stand immer häufiger auf dem eigenen Parkplatz der Pension. Da der Herr Doktor bei ihr eine „Standfigur" wurde, ging man davon aus, sie sei sehr krank und er schrieb sie dann immer kränker, da er sich gut auskannte. Sie dagegen schaute immer glücklicher aus und lächelte beim Gruß verträumt vor sich hin. Dann sah ich lange Zeit nur ihr Auto stehen und wähnte sie in guten Händen bei ihrem Therapeuten. Erneut stand im Wochenblatt wieder so eine schlechte Nachricht. Eine 40-jährige Frau wurde tot in der Kältekammer der hiesigen Klinik „Sieben Heiligen" gefunden. Den diensthabenden Arzt, dessen Patientin sie war, konnten die ermittelnden Beamten zunächst nicht ansprechen. Er stritt später die Verdächtigungen ab, mitschuldig zu sein. Die Frau hatte angeblich eigenmächtig den Schlüssel für die Kältekammer entwendet nach drei kontrollierten Behandlungen mit ihm als ihrem Therapeuten. Dann habe sie eine vierte

Maßnahme selbst ohne den Arzt vorgenommen. Dabei blockierte sie die Abschaltautomatik der Kältekammer. Man ging zunächst von einem Fremdverschulden aus. Jedoch waren an der Eingabetaste und an dem Schlüssel laut Kripo, nur ihre Fingerabdrücke zu finden. Da nach dem Betriebshandbuch mit den Unterschriften aber täglich therapiert wurde, sollten eigentlich auch andere Fingerabdrücke zu finden sein. Dies bekräftigte bei den durchgeführten Ermittlungen ihren Selbstmord, denn sie hatte sicher die anderen Abdrücke abgewischt, um niemanden zu belasten. Ihren Therapeuten wollte sie nicht in die Pfanne hauen. Wer lässt schon seinen Seelenfreund und Seelenklempner „baden" gehen, den er liebt? Es soll aber auch Hassliebe geben! Den vermutlichen Herrn Doktor habe ich in der Stadt mehrmals gesehen, Hand in Hand mit einer Frau. War es eine andere Patientin oder eine neue Liebe? Sicher war es eine Eroberung und eine Abwechslung für ihn. „Wenn Du Kummer hast und Leid, ist der Psychiater nicht mehr weit"! Ich will hier keineswegs diesen Berufsstand angreifen, denn es gibt darunter ausgezeichnete Therapeuten, die in unserer Zeit immer dringender benötigt werden.

11. Beim Kurarzt

Jeder muss im Leben zum Arzt, von der Wiege bis zur Bahre, leider ist dies das Wahre! Der Doktor gehört heute zum Leben wie Speis' und Trank, besonders wenn man davon zu viel genossen hat.

Nun gibt es sehr viele Ärzte, die Leiden behandeln. Einige kümmern sich hauptsächlich um die Kurgäste, wobei der Kurarzt schon eine bestimmte Bezeichnung mit Achtung ist. Seinen „exklusiven"

Titel bekommt er meist durch Ernennung nach erfolgreicher Teilnahme an wissenschaftlichen Wochenendseminaren und danach mit Beziehungen. Früher nannten man diese Spezies Badeärzte, noch früher Bader.

Da ich nun seit geraumer Zeit in die kleine Kurstadt immer wieder zur Erholung komme und folglich älter werde, kann ich einfach nicht erwarten, dass nach einem arbeitsreichen Leben, welches auch ich führte, man im Alter kerngesund ist. Wenigstens fühlt der Mensch sich, wenn er ständig in einer Kurstadt lebt, gesünder als diejenigen, die nur Urlaub machen. So hielt ich mich dort häufiger auf, als bei mir zu Hause. Es gibt nun Kurärzte, die nehmen nur Privatpatienten und sehen aber mit der Zeit ein, davon kann man nicht leben. Der andere Trend ist beides, bei einer Gruppe Patienten zahlt die Kasse, das andere Mal dieser selbst. So kommt mancher Kurarzt ganz gut über die Runden, besonders wenn er zur sogenannten „Igel Familie" gehört. Ich meine hier nicht die stacheligen kleinen Vierbeiner, die Eier schlürfen, sondern Ärzte die echt „Moos (auch Eier) machen" mit der Behandlung von Leiden, die eigentlich keine sind. Sie wecken aber aus finanziellem Grund das Mitleid manchen Arztes. Das ist in den Kurstädten wie jeher möglich.

Dort findet man die geplagten Patienten mit Herzerkrankungen, Hüftleiden, Stoffwechselentgleisungen. Auch „Kopfleiden" kommen dabei nicht zu kurz und bei Männern und Frauen natürlich die unteren Extremitäten. Diese versagen mitunter, wenn der Kopf zwar will, ganz im Gegensatz bei der Erkrankung, wenn die Extremität will, aber der Kopf nicht. So gibt es dann u.a. die Psychiater und die Urologen unter den Ärzten, die besonders einen großen Zulauf von den Patienten haben, die sonst keine Erkrankungen aufweisen können. Vielleicht hängt es auch mit der gesunden Kur-Luft zusammen, die alltägliche Krankheiten heilt, aber die anderen genannten sogar noch verstärkt.

Nun gut, mich hat der Hausarzt durchgecheckt, oder vielmehr ich wurde es. Ich besuchte den Orthopäden nebst seiner Anhänge in Form von Physiotherapeuten. Außerdem konsultierte ich den Zahnarzt, den Hals-Nasen-Ohrenarzt und weitere Disziplinen in der Medizin. Sie stellten alle fest, dass ich trotz meiner 68 Jahre für dieses Alter eigentlich noch kerngesund bin. Vielleicht könnte ich auch ein Simulant sein? Das bekam ich öfters zu hören, wenn man keine Diagnose stellen konnte. Immer wurde ich dann gefragt, ob ich den „eingebildeten Kranken von Moliere" gelesen habe? Ich antwortete spontan, ja natürlich auf Französisch! Dieser war eindeutig kein Simulant, denn er ist später an Altersschwäche gestorben.

Wenn nur nicht diese untere Extremität gewesen wäre, die mich bisweilen sehr beunruhigte und von der niemand von den besuchten Ärzten genau Bescheid wissen wollte oder es doch wusste und aus Höflichkeit verschwieg ?

Also vereinbarte ich einen Termin mit dem Urologen am Ort. Es war nicht der erste Besuch bei einem solchen, aber bei einem Kur-Urologen war ich noch nie. Ich erfuhr bei der telefonischen Anmeldung, es handelte sich um eine Vertretung, denn der Kur-Urologe hätte einen mysteriösen Hexenschuss gehabt und weile derzeit in der Klinik. Ich dachte zunächst, vielleicht hat ihm ein unzufriedener Patient in den verlängerten Rücken getreten oder er habe zu viele Bierkästen geschleppt. Bier soll wegen der Inhaltsstoffe gut sein für Prostata-Erkrankungen. Vielleicht behandelt der Herr Doktor, der etwas jünger ist als ich, sich selbst. Mir wurde dann auf Nachfrage mitgeteilt, es handelt sich um eine Ärztin, deren Mann in einer Stadt im Süden unserer Republik, ein Chef Urologe sei. Sie wäre aber bestens vertraut mit Männerkrankheiten. Ich könne aber auch warten bis der Kur-Urologe wieder genesen sei.

Nun ja, Urologinnen kannte ich einige aus meiner vorangegangenen Tätigkeit. Sie waren teilweise hübsch, besonders wenn sie jünger waren und Ältere hatte ich nie kennengelernt. Ich sagte daher zu. Vielleicht war sie ja auch jünger?

Am Vortag des Arzttermins schaute ich ins Internet und klickte die entsprechende Klinik mit der Urologie an. Ich fand dort den Chef mit gleichem Namen wie die Ärztin, nicht habilitiert, was schon mein Vertrauen verstärkte. Eines wunderte mich, sein Alter. Er war im besten Mannesalter, höchstens 35, sah sehr gut aus wie ich früher. Also müsste auf jeden Fall seine Frau in dem gleichen Alter oder etwas jünger sein und sie wird auch gut aussehen. Welcher Chefarzt mit einer gewissen Body-Building Figur hat schon eine unattraktive Frau? Ich malte mir in Gedanken meine urologische Untersuchung aus, das erste Mal bei einer Frau als Urologin. Eine schlaflose Nacht hatte ich gehabt und so genügend Zeit für meine eigenen Vorbereitungen. Duschen und Duftspray war selbstverständlich. Die Kleiderfrage bezüglich meiner Dessous war schon etwas schwieriger. Da die Ärztin doch jung zu sein schien, konnte ich nicht in weißer verblasster Unterhose und Unterhemd auftreten. Also wählte ich eine moderne „Reizunterhose" eines bekannten Fabrikates, rot gehalten mit schwarzen Einsätzen. Außerdem trug ich ein tiefschwarzes edles Unterhemd mit einem roten diskreten Leoparden in die Seite gestickt. Dazu wählte ich schwarze Socken mit einem roten Leguan als Stickeinlage. Wenn mich ein Fremder so gesehen hätte, dachte er sicher, ich ginge zum „Menstrip" für Senioren, um meine Rente aufzubessern.

Die andere Kleidung war normal. Eine Hose, ein Hemd, eine Jacke, etwas jugendlich, nicht wie ein alter seniler Ruheständler. Ich hatte es ja mit einer jüngeren Ärztin zu tun.

In der Praxis wurde ich nach kurzer Zeit in das Behandlungszimmer geführt. Vorher hatte ich am Empfang noch angedeutet, eine volle Blase zu haben, wie erforderlich für diese Untersuchung. Diese könnte auch spontan explodieren bei längerer Wartezeit. Im Behandlungszimmer ruckelte ich daher unruhig auf dem Stuhl hin und her, um das zu halten, was keineswegs in die Hose gehen durfte. Endlich kam die Frau Doktor, schlagartig verhielt sich mein Harndrang und die Erregung verschwand. Die Ärztin war so um die 60, sicher Mutter von 3 Kindern. Ich verglich ihre Erscheinung nun auch mit dem gesehenen Bild ihres Mannes im Internet, es musste „getürkt" sein oder uralt. Vielleicht war es auch die Mutter vom Chefarzt? Verständnisvoll schaute sie mich an, wie eine Mama den kleinen Sohn. „Ich muss dringend", sagte ich „und kann es kaum noch halten". Sie nahm davon wenig Notiz. „Nun ziehen Sie Ihre Hosen und das Oberhemd aus", sagte sie, „ich mache vorher Ultraschall, um Ihre Blasenfülle zu messen". Ich zog die Hosen aus, hielt sie am Saum unten nach oben ausgestreckt, um sie zu falten, denn ich bin Ordnung gewöhnt, nicht wie Patienten in meinem Alter mit zitternden Händen und Knien und toter Hose. In diesem Augenblick fielen zwei ausgewachsene Kastanien aus den Hosentaschen auf den Boden, an die ich nicht mehr gedacht hatte, wegen der vorausgehenden Aufregung. Ich hatte in jeder Hosentasche seit längerem eine davon stecken, um damit den Gliederschmerzen vorzubeugen, die ich früher hatte, besonders wenn es kalt draußen wurde. Mein Schwiegervater hatte mir den Tipp gegeben. Zu diesem Zeitpunkt habe ich ihn deswegen noch ausgelacht, aber in meinem Alter nun, hatten die Kastanien mir auch geholfen.

Die Ärztin sah auf das was zu Boden gefallen war mit fragendem Blick. Ich sagte: „Haben Sie noch nie „Hoden" gesehen, das sind meine". Sie rang nach Luft beim Lachen darüber. Ich dachte sofort bei ihr über Inkontinenz nach, die Frauen manchmal beim Lachen bekommen, meist ältere wie meine Mutter damals. Aber das gilt natürlich auch für Männer. Daher lachte ich weniger heftig. „Nun heben Sie ihre Hoden schon auf und ab auf die Liege". Sie musterte mit Aufmerksamkeit meine Unterwäsche, besonders den Leoparden, natürlich den auf dem Unterhemd. Die Ultraschallsonde bewegte sich auf meinem Unterleib. Bei und nach der Untersuchung war ihr

Gesicht ernst. War ich etwa doch todkrank? „Gehen Sie zur Entleerung auf die Toilette, dort steht eine umgekehrte „Trompete", da hinein mit dem Urin bis auf den letzten Tropfen." Sie konnte mich gerade noch festhalten, sonst wäre ich in der Reizkleidung mit den heruntergelassenen Hosen durch das volle Wartezimmer in die Toilette gerannt. Was hätten die Patienten gedacht, ein Mann auf der Flucht in roter Unterhose? Also Oberhose wieder hoch, Schuhe sowie Hemd an und ab zur Toilette. Verdammt, wo ist diese, dachte ich auf dem Weg? „Im UG", sagte die Helferin, die meine Gedanken anscheinend lesen konnte. Ich rannte nach unten und konnte meine wertvolle Flüssigkeit gerade noch in die beschriebene Edelstahl Trompete (ein Harnmengen Messgerät) ablassen. Welche Erleichterung in mir, es war nochmal gut gegangen!

Nun kam ich wieder zurück in das Behandlungszimmer, mit geleerter Blase und einem Kopf voller Gedanken. Wieder wurde das Blasenvolumen vermessen. „Na ja, die Blasenfunktion scheint in Ordnung zu sein und kein Inkontinenter", sagte sie, mehr nicht. Die Ärztin zog danach weiße Latex- Handschuhe an. Ich stand aufrecht vor ihr, sie kniete vor mir. Das hatte eine Frau noch nie bei mir getan, ich meine das Knien. Ich ließ teilnahmslos, ohne Erregung ihre Hände das machen, wofür sie geschult waren. Dann kam die Krönung der Untersuchung als schöner Abschluss, die bekannte medizinische Methode in der Urologie als lukrative Belohnung!

Meine männlichen Leidensgenossen kennen diese Prozedur, die zeigen soll, ob der Mann noch Mann ist. Ich musste mich mit den Ellenbogen kniend auf die Liege stützen und spürte dann etwas Dikkes im Enddarm, das sich vortastete wie ein Bohrer mitunter. Es war kein kalter Stahl wie von einer Sonde, sondern der knochenharte Finger der Frau Doktor. Der wurde bewegt nach allen Richtungen rund um meine Prostata, als suche er eine Perle. Die Prozedur dauerte mir unheimlich lang. Dann erfolgte nochmals ein Stoß gegen dieses Organ, als wenn ein Stier beim Stierkampf in Spanien den Todesstoß erhält. Es fehlte nur noch das „Ole' " der Frau Doktor!

Ich war erlöst von dieser Tortur, sie von ihrer Aufgabe. Sie warf ihre Handschuhe in den Müllsack und tippte den Bericht in den PC mit bloßen

Fingern. Dann fragte sie sehr persönliche Dinge, die einem alten Mann fast peinlich sind. Ich verschreibe ihnen etwas Neues, das hilft, Überschüssiges los zu werden. Ich dachte zunächst an ein Potenzmittel. Nein es war etwas für die Entwässerung, ein „Rohr-Erweiterer" (etwas für die Muskelrelaxation). „Kein Rohrkrepierer", sagte sie scherzend, „die gibt es auch". Ein Potenzmittel wollte sie mir in ihrer Güte noch verschreiben für alle Fälle. Aber ich lehnte dankend ab, ich sei noch bevorratet. Zu Hause bemerkte ich ein leichtes Ziehen im Unterleib, aus Richtung Blase. Es wurde nach weiteren Stunden immer stärker, sodass ich ein Schmerzmittel nehmen musste. Leider war am nächsten Tag Samstag und ich überlegte wegen des Schmerzes in die Klinik zu gehen. Ich verschob das aber auf eine Ausnahmesituation, wenn es gar nicht mehr zu ertragen wäre. Man gewöhnt sich auch an Schmerzen. So ging der ganze Sonntag mit Schmerzmitteln und Gebeten vorüber und am Montag hinkte ich gleich zum Arzt, keinem Kurarzt, sondern einem Urologen von der Klinik. Er machte nochmals die gleichen Untersuchungen, auch mit dem Finger. Diesen spürte ich diesmal nicht. Dann das Ergebnis: „Sie haben nichts

Auffälliges. Vielleicht hat meine Kollegin letzte Woche zu sehr bei der Untersuchung Ihre Prostata berührt. Dadurch ist es zu einer Reizung mit leichter Entzündung gekommen. Das ist durchaus möglich, wenn man nicht so viel Routine hat. Oder Sie waren halt sehr verkrampft! War meine Kollegin hübsch", fragte er. Offenbar kannte er sie nicht! Ich überhörte seine Nachfrage. Die Frau Doktor der Urologie war mit mir nicht liebevoll umgegangen, sehr grob und derb war sie. Niemals mehr gehe ich zu einer Urologin. Vielleicht war es ihre Rache wegen meiner Reizwäsche mit dem Leo, der ihr nicht gefiel. Oder es war die Menge meiner Informationen bezüglich der Männerkrankheiten. Nach einer Woche war ich wieder o.k. Aber mein Vorsatz blieb, niemals wieder eine Untersuchung bei einer Urologin! Inzwischen konsultierte ich wieder den Urologen, seinen Finger habe ich kaum gespürt bei der Abtastung, bei ihm durfte ich mich dabei auf den Rücken legen mit angewinkelten Beinen und träumen. Was für eine Wohltat! Was denken Sie, welchen Traum ich dabei hatte? Sicher nicht von der Ärztin! Ich möchte hier nicht die Technik der Untersuchung durch das andere Geschlecht bemängeln. Vielleicht war ich aufgeregt und verkrampft dabei!

12. Auf der Liege der Physiotherapeutin

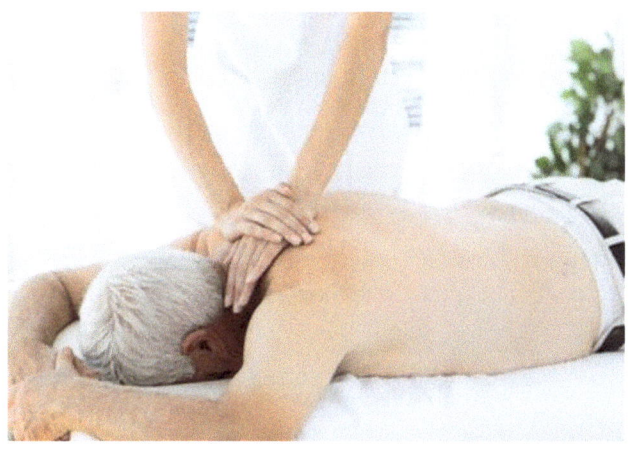

Der Orthopäde im Kurstädtchen wollte mir sicher etwas Gutes tun und verordnete eine Massage, die meine Kasse bereitwillig zahlte, um gewisse Verspannungen in mir zu lösen. Es war aber eine rein medizinische Massage, wohl angemerkt. In jedem Kurort gibt es eine Menge „sogenannter" Physiotherapeuten. Man muss erst Erfahrung mit dem Personenkreis gewinnen, denn einige sind sicher ungeeignet. Auch erwartet einen jede

Menge „selbsternannter Masseusen", die aber nicht auf Krankenschein behandeln.

Ich wählte eine Frau mit Diplom aus, deren Alter um die 60 war. Jüngere hatten nach meiner Meinung noch nicht die Erfahrung und zu alte unter Umständen Rheuma in den Händen und konnten nicht mehr so zupacken. Auch schien mir eine Frau mit geübten Fingern das Richtige im Vergleich zu einem Mann zu sein. Natürlich gibt es auch Männer mit flinken Fingern, aber hier hatte ich Angst, wenn diese lange Fingernägel hätten. Meinen wertvollen Körper wollte ich denen keinesfalls anvertrauen! Besagte Dame hatte kurze Nägel und gleich einen Termin für mich frei für die nächsten Sitzungen, die sich später als „Liegungen" herausstellten. Der Leidenstisch oder Massagetisch war schon etwas antik, das merkte ich bereits beim Besteigen. Er wackelte stark und ich musste meine Beine sehr hoch heben, denn der Lift des Tisches war kaputt. Aber das Besteigen war ich gewohnt, auch durch meine Gipfeltouren. Nur mit Unterhose und Unterhemd bekleidet, ich wählte diesmal alles in Schwarz aus, lag ich auf dem Bauch. Die Masseuse bat um Ruhe als ich Konversation führen wollte, denn ihr bayerischer

Dialekt war mir vertraut durch meine früheren Tätigkeiten in Süddeutschland. Ihr Gatte war pensionierter Chefarzt einer Orthopädie-Klinik in München, also musste sie ihr Handwerk verstehen. So hörte sie dann in der Ruhe meine Muskeln beim Dehnen ächzen und die Gelenke beim Beugen knacken. Ich selbst dagegen stellte nur das Surren des Ventilators an der Decke fest. In der Seitenlage hatte ich noch mehr Defekte, die Bandscheiben, die Wirbelsäule, das Halsgelenk und weitere Schwachstellen, die sie dann in die Unterlagen aufnahm. Ich kam mir schon als lebende Leiche vor. Die Masseuse konnte überhaupt nicht verstehen, dass ich mich noch aufrecht bewegte und das ohne Schmerzen, wie ich angab. „Das wird eine längere Sache", betonte sie ernst: „Wir müssen Ihre verkrampften Muskeln erst lockern, dann ist an Gymnastik zu denken". Dem Leser möchte ich hier nur sagen, im Sommer fahre ich oft Fahrrad bis zu 50 km, gehe bisweilen schwimmen, laufe täglich fast 10 km, besonders wenn die „Enten" im Kurpark mir dabei Gesellschaft leisten. Natürlich fühle ich mich danach etwas schlapp, aber ich bin kein toter Mann und von wegen toter Hose! Das mag vielleicht für ihren Gatten Herrn Chefarzt i.R.

gelten, der gut 30 Jahre älter als sie war nach ihren Erzählungen.

Die nächste Sitzung bzw. diesmal Liegung fand in Bauchlage statt, hier griff sie mit fast heißen Händen überall bei mir zu, wo Muskeln waren. Es war aber keine „Hot Stone Massage"! Nur gut, dass ich auf dem Bauch lag! Ihre Hände und deren Bewegungen waren kräftig. Dann die gleiche Prozedur in der Rückenlage. Nach knapp dreißig Minuten war sie schweißgebadet, der Zauber vorbei, bei dem sie heute sehr gesprächig war und ich nun im Münchner Dialekt ihre vollständige Familiengeschichte erfuhr. Nebenbei könnte man auch bei ihr unsere deutsche „Freistaatsprache" lernen, dachte ich. Ich glaube, heute war sie ganz schön geschafft. „Ohne Fleiß, keinen Preis", war meine Meinung und abends und am nächsten Tag spürte ich meine gekneteten Muskeln heftig.

Die nächsten „Liegungen" fanden wieder in der Bauchlage statt, jeweils knappe 30 Minuten. Dabei drückte sie aus einer Großtube ein Schmerzgel auf meinen Rücken. Sie verrieb es mit den warmen Händen und dann, Bienchen summ, summ, summ! Ich hörte das monotone Geräusch eines Vibrators und spürte sein Kreisen mit Ultraschall auf meiner Haut, wobei das Gel in diese einmassiert wurde. Dabei plapperte sie, was ich Gottseidank nur zum Teil verstand, manchmal sang sie ein Liedchen mit dem Geräusch des Vibrators. Ich erinnere mich dabei an: „In München steht ein Hofbräuhaus…..“ Sie war ein echtes „Münchner Kindl"!

„So", sagte sie, „heute Abend können Sie unbeschwert zum Kurtanzen gehen. Sie werden ihre Muskeln nicht spüren". Als ich sie fragte, wie stark die Dosierung des Schmerzgels sei, sagte sie, es entspräche meinem Alter. Ich ging nicht zum Tanzen, ich war dann so kaputt, sicher vom Schmerzmittel und schlief die ganze Nacht fest.

Die letzten Anwendungen verliefen ebenso und sie dachte nun an ein weiteres Rezept oder an eine Lymphdrainage, deren Praxis sie ebenfalls gut beherrsche.

Ich äußerte mich nicht dazu und machte mir insgeheim Gedanken, ob diese Anwendungen überhaupt sinnvoll für mich waren. Vielleicht dachte sie auch, der Mann bewegt sich so viel in der Kur. Da braucht er bei mir Ruhe, denn in der Ruhe liegt die Kraft! Und diese hat er garantiert bei mir. Ich machte nun meine Behandlungen weiter bei einem ihrer männlichen Kollegen. Der packte noch derber zu, schwätzte auch sehr viel dabei, aber der wissenschaftliche Hintergrund stimmte. Er war ein „verhinderter" Medizinmann, der jeden kleinsten Muskel mit lateinischem Namen nennen konnte und ihn auch fand. Aber er nervte mich immer mit dem ironischen Spruch eines „frühchristlichen Kollegen" von mir, dem römischen Dichter Juvenal, 60-140 v.Chr: „Mens sana in corpore sana" (im gesunden Körper wohnt ein gesunder Geist).

Also war ich doch gesund, oder?

13. Kurschatten

Die „Schattin" und der „Schatten" gehörten schon immer zur Kur, wenn man dahin alleine fährt. Das ist nicht zu verwechseln mit dem „Chat", welches im Internet stattfindet und ein Zeitvertreib darstellt in den Chat-Räumen. Ursprünglich kommt dieser Name aus dem Französischen, wo er Katze bedeutet. Manche der Schatten sind auch wie Katzen, wenn sie sich anschleichen! Bei Kurschatten ist die Atmosphäre sehr viel gespannter, wenn nicht der eigene Schatten gleich mitgenommen wird oder getrennt anreist. Auf keinen Fall ist mit dem Schatten die eigene Partnerin gemeint, die in ihrer Herzensgüte den „Kurenden" beschattet, damit ihm nichts Schlimmes widerfährt. Aber manche misstrauische Partner setzen auch einen Detektiv am Kurort ein, der dann eine „Schattenrolle" spielen muss. Den „normalen" Kurschatten kennt man nun vorab nicht, dass ist das Prickelnde! Der „Held" Mann sitzt solo auf einer Bank im Kurpark und da er sozial bewusst ist, platziert er zunächst seinen „Allerwertesten" bei einer leeren Bank auf die rechte oder linke Seite, damit noch jemand Platz finden kann. Es gibt aber auch „Schatten Suchende", die das mit Absicht machen. Nur Asoziale beanspruchen den Sitzplatz in der Mitte oder solche, die einfach keinen „Schatten" wollen. Nun fragt eine hübsche und attraktive schlanke Dame, ob noch ein Plätzchen frei ist. Natürlich ist noch eines frei, wenn es sich nicht um eine „Unpassende" handelt, die nachfragt. Dann kann man immer noch sagen, nein, meine Partnerin kommt gleich wieder. Bei der attraktiven Dame, die meist die Ausnahme für solches Begehren ist, entwickelt sich dann das sogenannte „Schattengespräch". Man fragt sich gegenseitig ab nach Herkunft, Familienstand, Geschlecht (denn es gibt beim zuletzt genannten bisweilen Täuschungen!), Aufenthaltsdauer und Kur-Domizil. Man mustert heimlich den Habitus des „Schattens". Wenn hier Gleichklang entsteht oder bereits vorhanden ist, verabredet man sich für einen Kaffee, einen Ausflug, einen Kirchenbesuch sonntags, ein Essen, zum Tanztee oder zum Tanzabend mit „open end". Auf keinen Fall sollte man aber den Schatten einladen. Dies kann teuer werden, besonders da einige die Masche anwenden, um an ein billiges Abendessen zu kommen. Wenn so das Schattendasein länger geführt wird mit derselben Person, dann zahlt man für zwei und bekommt nicht „das Eine". Was wohl? Die Dame entschuldigt sich nach dem Abendessen z.B. wegen eines Toilettenganges mit den Worten: „Ich gehe mir mal die Nase pudern!" Der Mann hat so Gelegenheit, diskret zu zahlen. Manche Damen verschwinden dabei für immer. Meistens beginnt das Schattenspektakel mit einem Vorspiel. Als Mann wird man schon lange Zeit vorher beäugt. Ist man tatsächlich solo und finanziell abgesichert? Die suchende Frau sieht dieses meist an der Menge der georderten Getränke und des Kuchens z.B. im Kurkaffee. Ja es gibt sogenannte „Stalkerinnen", die verfolgen einen heimlich oder lauschen dem Handygespräch diskret zu. Dann flaniert man etwas vor dem Auserwählten und schlägt auf der Parkbank zu. Bei Herren ist die Masche des Vorspieles meist etwas anders. Der kleidet sich bereits so auffallend, meist bunt wie ein Papagei oder auch in leichter heller Tropen-Kleidung. Ein Zeichen, dass er Gespräche sucht und viel Hitze vertragen kann. Dann bewegt er sich mit verstohlenen Blicken um die Auserwählte. Aber mit einer Gestik, die jeder Frau auffallen muss und die bedeutet, ich suche Anschluss. Dann findet die „Banknummer statt", hoffentlich ist auch noch Platz darauf frei, aber man kann auch abwarten. Andere Arten der Einleitung sind Blicke beim Kurkonzert, Ansprechen in der Wandelhalle oder Bemerkungen über den Salzgehalt des Kurwassers. Es gibt zahlreiche Versuche in Kontakt zu treten, wobei Männlein wie Weiblein diese Kunst gut beherrschen. Hat man dann seinen „Schatten" gefunden für die Dauer der Kur, kann diese nur noch getrübt werden, wenn der misstrauische Partner am Kurort auftaucht. Wenn er auch noch verkleidet ist, dass man ihn nicht gleich erkennt, gibt es heftigen „Zoff". Mancher Stockschirm ist dabei schon zu Bruch gegangen und manche Scheidung wurde eingeleitet. Lieber in der Kur ein (kein) Schattendasein führen!

14. Im Spielcasino bei der feschen Lola

Bisweilen war ich im Spielcasino, besonders wenn mir das Geld zu Monatsende etwas knapper wurde. Hier lernte ich Lola kennen, die war Croupier dort. Immer sehr auffällig war sie in schwarz gekleidet, jedoch nicht dezent, sondern aufreizend. Mir fiel immer das Lied ein: „Ich bin die fesche Lola, ….", wenn sie Dienst hatte und ich sie sah. Sie war blond, groß, schlank mit herbem Gesicht. Die langen Haare hingen bis zum Po, der nur angedeutet war. Aber es hing noch mehr, davon später. Es wäre besser gewesen, sie hätte die Haare wie ein Vorhang nach vorne geschlagen über ihr Gesicht, denn dieses war in die Länge gezogen. Trotz des durchsichtigen Kleides trug sie offensichtlich nicht das Geringste darunter, dass dem Busen etwas Halt gab. Also tat die Schwerkraft ihr Übriges. Ich kannte bisher nur gepflegte ältere Damen in solchen Etablissements. Angeblich arbeitete sie in einer Klinik hauptberuflich, das stimmte nur bedingt, wie ich später erfuhr. „Sind Sie neu hier", war ihre Frage an der Bar, „sind Sie verheiratet, wo ist Ihre Frau, man sieht diese nie mit Ihnen, ist sie krank, sind Sie Arzt, brauchen Sie nebenbei Hilfe, ich wasche und bügle für Geld. Ich muss das, bin geschieden, habe 3 Kinder, arbeite nur halbtags und bin hier bis in den frühen Morgen." Die Fülle ihrer Fragen war unermesslich genau wie ihre Gespräche mit mir. Ich wollte ihr aus Mitleid mein altes Fahrrad schenken, aber sie wollte es nicht. Sein Sattel war zu groß für ihren kleinen Popo, dass hätte sicher ulkig ausgesehen. Sie führte an: „Ja, ich kann Sie auch bekochen in Ihrem Appartement, wenn Sie eines haben. Wir können das ausführlich bei einem Wein besprechen." Sicher hatte sie noch andere Angebote speziell für Männer. Bald wusste ich ihren ganzen Lebenslauf. Ich lehnte alles immer dankend ab. Sie war sichtlich dann etwas gekränkt. Krankenschwester war sie nach eigener Auskunft nicht, sie war in der Verwaltung beschäftigt.

Manchmal hatte sie einladend die Bluse offen und ihr Busen war eindeutig zu sehen. Es war schon etwas sehr unseriös, das Auftreten von Lola. Die nächste Zeit sah ich sie immer öfter mit einem jungen Mann an den Spieltischen, dem sie versteckt etwas zuflüsterte. Meistens gewann er und ging im Gegensatz zu mir mit einer Tasche Chips zur Kasse. War es ihr „Lover" oder vielleicht ihr Komplize? Er war viel jünger, sehr nett, gut aussehend. Ich fragte mich zunächst, ob es einer ihrer Söhne sei. Aber das Verhalten und die Stimmen verrieten, es musste der Lover sein. Sie waren dann einige Zeit weg. Nun gut, man kann auch im Lotto gewinnen oder sonst zu Geld kommen, wie hier in der Spielbank. In der Stadt sah ich sie einmal hochgestylt, frisch blondiert, langes Haar, Gesicht geglättet. Sie konnte fast kaum in ihren hohen Schuhen laufen und erkannte mich nicht oder wollte es nicht. Sie war es eindeutig. An ihrem Oberteil, das mehr zeigte als verhüllte, nahm ich sie wahr. Ich dachte noch, mit so einem Outfit geht man doch nicht zu einer anständigen Arbeit in die Klinik, wenn dies ihre Hauptbeschäftigung war. Dann sah ich sie erneut in der Stadt mit einer ähnlichen Frau auf hohen Stelzen, auch diesmal blieb ich unerkannt.

Von nun an, war sie nicht mehr im Spielcasino anzutreffen. Ich fragte eine ältere seriös aussehende Dame, die ebenfalls Croupier dort war, über den Verbleib von Lola. Sie erzählte mir unter vorgehaltener Hand verschiedene Stories: Das Casino hatte sie raus geworfen, da sie mit ihrem jüngeren Freund am Spieltisch gemeinsame Geschäfte machte. Sie hatte auch einen Raub bei einer Bank durchgeführt, den Filialleiter zu Fall gebracht und war getürmt. Seltsam war ihr Outfit, sie war unter dem Mantel, den sie trug, nackt. Der Kassierer sank durch diesen Anblick ohnmächtig zu Boden. Die Bedrohung mit der Pistole wäre gar nicht notwendig gewesen. Eine farbenfrohe Maske als

„Glücksschwein" hatte sie vor dem Gesicht. Nach dem Erwachen in der Klinik, konnte er sie anhand des Busens und der Maske genau beschreiben und identifizieren. Sie war auch eine Kundin mit Zahlungsschwierigkeiten bei dieser Bank. In der Presse stand ähnliches wie der Bericht des weiblichen Croupiers bei mir. Dank unserer Justiz bekam sie ein Jahr auf Bewährung. Die arme Frau hatte in Notlage gehandelt, der Banker war nicht angeschossen, sondern erlitt nur einen Ohnmachtsanfall. Die Waffe war die Kinderpistole ihres Sohnes und sie hatte nur 50 € bekommen, mit denen sie natürlich ihre Schulden nicht tilgen konnte. Lola habe ich in der Stadt noch öfters gesehen, dezent seriös gekleidet. Sie arbeitete in einer Boutique. Jeder lernt im Leben doch etwas dazu!

15. Auf der Pirsch mit einem Ornithologen

Jeder weiß heute diese Wissenschaft zu schätzen, wo es um Vögel geht. Früher war das nicht so, denn einige verstanden von den „Ornithologen" unter der vorgehaltenen Hand etwas sehr Unanständiges. Bei meinem Studium damals war das Wort Vogelkunde schon etwas verrufen, besonders, wenn man beim Aussprechen desselben bestimmte Gesichtszüge annahm oder gar lächelte.

Einer meiner Kollegen war Walther, wir nannten ihn damals „Walther von der Vogelweide". Von „Vögeln" verstand er jede Menge. Er war Experte im Wissen um Vögel. Er konnte ihre Art nach den gehörten Vogelstimmen zuordnen, alles in freier Natur und ohne Sicht derselben. Leider hatte ihn damals ein bekannter Fernseh - Showman für eine Sendung „Erraten von Vogelstimmen" abgelehnt, das traf ihn zutiefst. Walther sah selbst aus wie ein schmächtiges Rotkehlchen, rote Haare, überall Sommersprossen und auch rote Haare an den Beinen im Sommer, wenn er kurze Hosen trug. Ich lernte ihn während des Studiums in der Biologie kennen. Sein Spezialgebiet war die Vogelkunde.

Meist sah man ihn mit anderen Studenten, die ebensolche Vögel wie er waren, was das Aussehen betraf, zusammen. Von denen sind heute einige weltbekannte Ornithologen. Oft machten sie morgens vor Sonnenaufgang ihre Streifzüge im noch dunklen Wald. Sie erbosten so manchen Förster, der sie wegen ihrer gekrümmten Haltung und Haarfarbe für Rotwild hielt. Besonders wenn er zu tief in seine Thermoskanne mit „angeblich" dem wärmenden Kaffee als Muntermacher geschaut hatte. So bekam der arme Walther einmal eine Ladung Schrot in seinem Allerwertesten. Einige Kommilitoninnen behaupteten, auch in die gegenüberliegende Seite unten. Da die Studenten schon früh auf den Beinen waren wegen der Beobachtungen, zwitscherten sie meist „einen" abends in den Studentenkneipen. Dies missfiel sehr den weiblichen Kolleginnen, die zu vorgerückter Stunde von ihnen mit dem Federvieh verwechselt wurden. Walther nahm mich einmal mit, bevor die Sonne aufgegangen war, zu einer Exkursion, so nannte man das wissenschaftlich. Der Wald war in der Nähe unserer Studentenbuden. Ich durfte den urtümlichen Voice Recorder tragen mit einem großen Trichterlautsprecher, wenigstens gut zehn Kilo schwer. Walther schleppte als Marschverpflegung jede Menge feinstes Vogelfutter mit. In alte Zeitungen wurden Flaschen mit Rotwein eingewickelt als Getränke, damit man durch das Klappern nicht die Vögel erschreckte. Diese sollten bei Sonnenaufgang ihre Hymnen anstimmen. Mit dem Voice Gerät konnte er einmal die Stimmen der Lieblinge aufnehmen. Zum anderen aber lockten die aufgenommenen Vogelstimmen bei der Wiedergabe über den Trichterlautsprecher diese gezielt an. Sie wurden so zu noch lauterem

Gezwitscher gebracht wie in einem Vogelpark. Die Vögel wurden dadurch angeregt zu kommunizieren mit Artgenossen, besonders wenn es gerade erst hell wurde. Die Technik war damals schon sehr ausgeklügelt. In Italien lockte man damit Singvögel an, die sich dann in den aufgespannten Netzen verfingen und für die „Vogelfänger" dort willkommene Braten waren. Da wir öfters unbeweglich im Gebüsch hockten, wurden wir meist von den Lieblingen umschwärmt. Die bekleckerten uns manchmal aus Freude, besonders wenn sie uns als „Nicht-Ihresgleichen" erkannten. Aber mir fehlte im Gegensatz zu Walther schon damals die Freude für Vogel-Beobachtungen. Er war geschieden, kinderlos, denn seine ebenfalls rothaarige Ehefrau konnte das Hobby mit Vögeln nach einiger Zeit nicht mehr ertragen. Besonders als er ihr die Kosenamen wie Blaumeise oder Eisvögelchen und andere gab. Mit ihm war ich seit 45 Jahren immer mal wieder in Kontakt. Er war Lehrer in Biologie mit dem Spitznamen „Hänfling". Nun wollte er sein Wissen mit „Vögeln" erweitern. In meiner Gegend, der Kurstadt, vermutete er Vögel aus Osteuropa, die sich anders verhalten, wie die in Deutschland. Das bekamen wir später zu spüren. Besonders kamen sie während der

Paarungszeiten in unser wärmeres Land, um sich einen noch wärmeren Partner zu suchen.

Ich holte Walther vom Bahnhof ab, sein Gepäck hatte er in einem Rollwägelchen, denn er war jetzt kein junger Student mehr. Um seinen Hals hing ein lichtstarkes Nachtsichtgerät mit integriertem Recorder, so konnte er die Vögel mit den Stimmen sehen, hören und konservieren für ewige Zeiten. Der Voice Recorder war im Unterschied zu damals nur winzig, 3x15x1,5 cm groß und ca. 200 g schwer. Er war für fast 200 Stunden Aufnahmen bestimmt, modernste Hightech.

Am ersten Abend saßen wir lange bei Rotwein zusammen und plauderten von der Studienzeit. Er hatte auch Bilder mitgebracht von unseren Studenten-Feten. Da war ich einmal auf einem Fahrrad reitend im Institut zu sehen (wir waren damals Assistenten an der Uni). Auf der Lenkstange saß eine blonde Studentin, auf dem Gepäckträger eine Dunkelhaarige. Dann machten wir physikalische Versuche zusammen mit der Schwarzhaarigen in einer großen Eiswürfelmaschine in unseren Kleidern, und stoppten die Zeit, bis das Eis zu schmelzen begann. Aber auch

Walther war mit mir zu sehen in Frauenkleidern. Wir hatten diese mit Studentinnen getauscht, die unsere Kleider im Gegenzug bekamen. Ein kleiner „Fiat 500" PKW, den wir durch einen Lastenaufzug transportiert hatten, stellten wir vor der Tür unseres damaligen Professors im Institut ab. Am nächsten Morgen konnte der „Geschäftige" nicht in sein Büro, um zu arbeiten (er musste es auch nicht, es war ja Samstag). Aber erbost war er schon über diesen Streich. Schließlich waren wir alle auf einem Gruppenfoto zu sehen in kurzen abgeschnittenen Anzugshosen auf dem Dach des Instituts. Von diesem holte uns die alarmierte Feuerwehr, morgens um 5 Uhr. Diether, ebenfalls Assistent, hatte versehentlich den Feuermelder zu hart berührt, wobei die Glasscheibe sprang. Es war schon eine abenteuerreiche Studienzeit damals. Wir trennten uns erst am frühen Morgen. Für Vogelkunde war es nun zu spät. Wir schliefen bis mittags. Am Abend gingen wir zeitig früh in die Federn, träumten kurz vom Federvieh. Am nächsten Morgen, gegen 2 Uhr nachts, war Vogel-exkursion im Wald. Walther trug die wertvolle Ausrüstung mit einem Mini Druckkammer Lautsprecher und ich den Proviant. Schon gleich hörten wir die Stimmen der osteuropäischen

Vögel. Walther war begeistert, so viele neue Vögel und deren Stimmen hatte er nicht erwartet. Auch gaben sie beschwingt Antwort auf die Lockrufe unseres Voice Recorders. Sie näherten sich uns in der Dunkelheit ohne Scheu. Walther ist „ganz aus dem Häuschen"gewesen. Ich später auch, als es hell wurde. Sein Kopf mit den roten Haaren war weiß gesprenkelt, ebenso seine Jacke. Das gleiche Muster wies meine Kappe auf und meine Blouson. Wir rochen leider verdächtig nach Vogelmist. Die freundlichen Piepmätze hatten in der Dunkelheit, nachdem sie uns erkannten, von oben auf uns gekleckert. War das ein Racheakt oder eine freudige Geste der gefiederten Lieblinge von Walther? Jedenfalls gingen wir beschämt in unsere Pensionen und machten uns dort wieder ansehnlich für das Frühstück. Mein Bedarf an weiterer Vogelkunde war nun vorerst gedeckt. Ich wollte, wenn überhaupt, nur noch Spaziergänge bei Tageslicht unternehmen, damit man die Absichten der Piepmätze sofort erkennen konnte.

Beim Abendessen erzählte mir Walther, er habe zwei „schrille Vögel" kennengelernt, mit denen er sich danach in der Kneipe treffen wollte. Ich solle mitgehen aus Paritätsgründen. Diese hatte er mittags beim Kurkonzert aufgabelt, es waren Kurgäste, natürlich junge Frauen. Schließlich könne er keine zwei alleine betreuen. Diese kamen dann auch wirklich zu uns. Sie waren um die 40 Jahre, hatten helle luftige Sommerkleider an, nur Kurgäste waren es sicher nicht. Sie machten uns nach mehreren Rotweinen den Vorschlag für die Disco und die Spielbank, aber Walther blockte dies geschickt ab. Er beherrschte nicht so die Kunst des Tanzens, aber eher die des Zockens. Er hatte damals auch den Nicknamen „Zocker". So blieb es dann bei weiterem Rotwein und den Vorlesungen von Walther betreffs Vögel, wobei er infolge des Alkoholgenusses öfters die Worte „Vögel" und „Vögeln" verwechselte. Die Beiden schauten mich dann manchmal verstohlen an und ich versuchte sofort andere Freizeitaktivitäten ins Spiel zu bringen. Nun war es auch schon spät und dunkel. Die jungen Frauen baten uns, sie in ihr Quartier zu führen. Sie hatten Angst bekommen vor angeblichen „Raubvögeln", die auch hier sein sollten. Meinten sie uns etwa? Mein Kollege hatte mit seinen wissenschaftlichen Erzählungen ihnen Bedenken gemacht. Walther war begeistert von diesem Begleitservice und seine Augen funkelten genau wie seine Haare rötlich. Wahrscheinlich versprach er sich bei den Damen etwas mehr, da er sie doch den ganzen Abend mit „Vögeln" unterhalten hatte. Sicherheitshalber bestellte er noch eine Flasche Rotwein zum Mitnehmen. Er flüsterte mir ins Ohr, ob es nicht eine Abkürzung gäbe. Ich sei ja der Ortskundige, dann erreichen wir das Ziel schneller. Ich konnte mir nun sein Ziel lebhaft vorstellen. Also hingen wir die Damen ein und diese schleppten uns gewissermaßen ab. Wir nahmen, wie ausgemacht, die Abkürzung und erwiesen uns dabei als echte Kavaliere. Um den Park war ein ca. zwei Meter hohes Eisengitter und leider eine ebenso hohe Tür, die immer gegen 22 Uhr verschlossen wurde, um den Eintritt zu verwehren. Sicher hatte die Kurverwaltung schon schlechte Erfahrungen gemacht, bezüglich der Nachtwanderungen ihrer Gäste. Ich wusste das vorher nicht. Innen war der Park herrlich illuminiert, auch die nackten Stein-Putten trugen Lichter. Walther war nun dabei, das Schloss aufzubrechen, es war leider zu massiv. Es war wirklich ein lauwarmer Sommerabend und das Plätschern eines Baches versprach wohltuende Abkühlung, nicht nur bei den Frauen. Sie hatten luftige Sommerkleider und hohe Sandaletten an. Man könnte den Zaun überklettern und dann die Beiden darüber heben, natürlich nur, wenn diese einverstanden wären, so war mein Vorschlag. Es waren leichte Mädchen, natürlich vom Gewicht aus betrachtet. Ansonsten hätte ich es nie vorgeschlagen. Keinesfalls galt hier ein in meiner früheren Heimat benutzter Vers: "Drei Zentner kann der Wind nicht lupfen, die müssen schon von selber hupfen"! Die jungen Frauen drängten sich förmlich auf für ein solches Abenteuer. Ich sollte nun den Anfang machen und schaffte es unter Beifall. Nun kamen die „Vögelchen" einzeln zum Zug. Walther ergriff jede von ihnen zunächst an der Hüfte und half dann am Po nach. Er schloss züchtig die Augen und schaute nicht hoch. Die Beiden hatten ihre Kleider etwas nach oben gerafft, so dass man ihre Spitzenhöschen sehen konnte, das störte sie aber keinesfalls. Ob Walther tatsächlich die Augen bei der Aktion zumachte, konnte ich nicht sehen, es war ja dunkel. Der Abgang war dann in der Art, die Abenteuerinnen ließen sich nacheinander in meine Arme fallen und umschlangen meinen Hals, dabei wurde mir ganz warm. Als Letzter war Walther an der Reihe. Ich war einige Schritte zurückgetreten und er dachte irrtümlich, ich fange ihn auf. Leider fiel er dabei auf die Wiese, aber ich scherzte, besser ins Gras gefallen als ins Gras gebissen! Wir fanden dann mit den kichernden Freundinnen eine Bank am Bächlein und diese bewunderten die Illuminationen. Unsere schönen „Nachtfalter" sahen wirklich appetitlich aus. Aber wir haben nicht zugegriffen, denn wir waren noch „von der alten Schule"! Walther spendierte jetzt die Flasche des mitgebrachten Rotweins und das war auch gut so, besonders vor dem zweiten Akt, der stattfinden sollte, aber wir wussten davon noch nichts. Sicher vermutet der Leser dahinter etwas Besonderes. Ich will Sie auch nicht enttäuschen. Sie werden vom weiteren Verlauf zufrieden gestellt sein! Walther wollte nun warten bis zum Sonnenaufgang, um den Gästen das erste Gezwitscher der Vögel vorzuführen. Ich aber mahnte zur Eile, da ich an den Ausgang unserer Exkursion vom Vortag dachte. Wir beide wurden von oben „gekrönt" von den Vögeln. Sollten wir dies den Begleiterinnen antun? Außerdem kamen nun auch Stechmücken, die die edle Haut der jungen Frauen schädigen könnten. Wollten wir dies zulassen? „Das war eines unserer schönsten Erlebnisse hier während der Kur", flachste Anniki, die Blonde, und Eva, die Dunkelhaarige, stimmte mit ein. Wenn beide wüssten, dass noch ein tolles „Gipfelerlebnis" folgen würde! „Jetzt gehen wir nach Hause in die gute Stube und schauen mal nach, was in der Bar unserer Zimmer ist", kicherte Eva. Mich machte stutzig, sie sagte nicht Hotelbar, also waren es ihre privaten Gemächer? Auch Walther begriff dies sofort. Wir betrachteten es natürlich als Einladung. Ihm tropfte das Wasser schon aus den Mundwinkeln und er bekannte nun offen seine Vorliebe für Bars und deren „Vögel" darin. Die Damen blickten erstaunt auf ihn, der in ihren Augen noch immer der seriöse Vogelforscher war. Jetzt wurde er aber zu forsch! Am anderen Ende des Parks, der unsere Abkürzung war, wartete wieder unvermutet eine abgeschlossene Eisentür auf uns. Verdammt, die schaffen wir auch noch, jubilierte Walther. Er schwang sich diesmal als erster nach oben, wahrscheinlich mit dem Gedanken, die „Vögelchen" fallen ihm dann diesmal in die Arme und um den Hals wie bei mir vorher.

Kaum war er oben, schrie er auf und man hörte gleichzeitig das Reißen von Stoff. Walther hatte, voll Erwartung über den Abschluss unseres Treffens übersehen, dass auf der Tür oben kleine Eisenzacken waren, die das Übersteigen erschwerten. Diese hatten nun bei ihm zugeschlagen, nicht nur im Stoff seiner Hose, sondern auch in seinen Allerwertesten. Und vermutlich auch an seinem „Heiligtum" hatten sie Nahrung gefunden. Die erschrockenen Damen wagten dann vorsichtig das Übersteigen und hoben nun freiwillig ihre Kleider sehr hoch, sollte sie doch nicht das gleiche Schicksal ereilen. Sie besaßen ebenmäßige schöne lange Beine. „Scheene Beene, hat die Kleene", sagt der Berliner bei solchen Situationen und das waren auch meine Gedanken. Dabei kamen nun die Spitzenhöschen voll zur Geltung. Walther war wegen seiner Verletzung unfähig zu helfen und so hüpften die Schönen der Nacht nacheinander alleine ins Gras. Ich zog nun vorsichtshalber vor dem Überstieg meine Hose aus und warf sie über das Tor. Ich konnte aber nicht einen so schönen Anblick meiner Beine bieten, denn die jungen Frauen lachten lauter als üblich. Zuerst waren sie beide schon etwas schockiert und in Erwartungshaltung, denn ein Graf lässt ja nicht ohne Grund die Hosen fallen! Dann begriffen sie mein Vorhaben. Walther war so mit seinem Missgeschick beschäftigt, während die „Schätzchen" und zum Schluss auch ich ohne seine Hilfestellung die andere Seite erreichten. Sie halfen mir dann willig beim Anziehen meiner Beinkleider. Dann schauten wir uns den armen Walther an. Er saß auf einer Bank, stöhnte wehleidig vor sich hin. Er blutete, daher muss man ihn ins Krankenhaus bringen, entschieden wir einstimmig. Aber wie? Handys hatten wir nicht bei uns. Walther wollte nur noch heim. Es kam durch Zufall ein Taxi vorbei, wir winkten ihm und ich verlud unsere Begleiterinnen in das Taxi, damit sie zu ihrer Bleibe fahren konnten. Der Fahrer wollte dann noch über Funk ein 2. Taxi bestellen. Ich gab nichts von Walthers Missgeschick diesem an, sondern nur von seinem plötzlichen Unwohlsein mit Herzbeschwerden. Da sagte der Taxifahrer, auf jeden Fall ist ein Krankenwagen besser mit liegendem Transport, den er über Notruf orderte. So fuhr ich dann mit dem geschädigten Walther und dem Krankenwagen in die Klinik, wo man ihn verarztete. Zur Vorsicht behielt man ihn dort, auch weil sein getrunkener Alkohol nun zu wirken begann. Mich untersuchte man und wollte mich auch dort behalten. Die Ärzte fanden aber nichts Verdächtiges außer der „Fahne". So konnte ich unbeschadet am frühen Morgen in meine Pension zurückfahren mit einem Taxi. Am nächsten Tag besuchte ich Walther, er hatte doch Herzrhythmusstörungen, angeblich von der Aufregung und dem „Hundebiss", den er erfunden hatte. Das war seine Story bei den Ärzten von dem aufregenden Abend, denn die Wahrheit war ihm peinlich. Nun suchte ich später das genannte Hotel der beiden „Schönen der Nacht" auf. Es war seltsamerweise das 2. Gästehaus des Hotels von Walther. Hatte er seine Unterkunft den

„Nachtfaltern" beim ersten Kontakt schon verraten? Natürlich wusste ich nur deren Beschreibung und Aussehen sowie die Vornamen, falls sie stimmten. Sie waren dort aber nicht bekannt als zahlende Gäste. Der Herr an der Rezeption sagte, manchmal werden hauptsächlich ältere Herren von jüngeren Frauen abgeholt, die angeblich Kurgäste sind. Meist kommen sie zusammen am Morgen danach zurück. Dabei lächelte er und sagte. Im Wintersport gibt es einen Apres Ski, hier ist es eine Apres Kur. Walther holte ich dann bei seiner Entlassung aus dem Krankenhaus ab und belud mit ihm das Vogelkundewerkzeug und Gepäck auf sein Wägelchen. Er bedankte sich am Bahnhof und sagte: „Leider ist der letzte Abend nicht so verlaufen, wie wir uns das vorstellten". Ich gab zur Antwort: „Wie Du Dir das vorgestellt und ausgemalt hattest, Du alter Vogelfänger und Ornithologe". Walther lachte und sagte: „Wir könnten das ja wiederholen". Derzeit habe ich keinen Kontakt zu ihm und bin auch kein Wiederholungstäter für Vogelexkursionen.

Der Vogelflug

„Wehmütig schau ich auf die Vogelscharen, die jetzt im Herbst nach Süden ziehen, ach könnt' ich doch mit ihnen reisen und auf die Welt da unten …….. „! (Gedicht vom Autor)

Schlussgedanken: Liebe Leser, ich hoffe, meine Geschichten und Erlebnisse aus der Kur haben Ihnen gefallen. Vielleicht hatten Sie ähnliche? Die Personen sind teilweise frei erfunden, aber die Stories, um sie, meist echt !!! (mit Augenzwinkern zirka 50 Prozent). Mit Sicherheit erfahre ich im „Kurleben" bei meinen nächsten Besuchen weitere Geschichten.

Paul von Leiselheim

Wer ist Paul von Leiselheim?

„Paul von Leiselheim" hat natürlich einen bürgerlichen Namen, will aber unerkannt bleiben, daher der „alias Name" seines Geburtsortes. Warum ? Er ist Museumsführer in Bad Kissingen nach seinem Berufsleben.

An einer deutschen Universität erhielt er den „echten" Doktortitel. Er publizierte bereits während des Studiums und später in verschiedenen fachspezifischen naturwissenschaftlichen- und auch sozialkritischen Schriften. Im Rentenalter zog er in eine deutsche Kurstadt mit Geschichte, Flair und Kultur. Er begann eine „besondere Art" von Kurzgeschichten und Kurzromanen zu schreiben, teils mit Psycho-Krimi Hintergrund. Er will Menschen erfreuen, sie zum Lachen bringen, sie anregen sich zu entspannen, um Muse zu haben zum Lesen, verbunden mit der Kur. Er beobachtet in Begegnungen mit Kurgästen und Einheimischen deren Verhalten, das er mit Ironie und Spitzfindigkeit beschreibt. Ironie ist die Fähigkeit, das Verhalten anderer positiv zu sehen, auch wenn deren Eigenschaften negativ sind. Diese können, falls gewillt, dann Rückschlüsse auf das eigene Verhalten ziehen. „Gebt dem Volk Brot und Spiele", sagte in unserer Zeit ein Politiker. Warum wollen Menschen Unterhaltung, Reisen, Sport und Feste feiern? Sie müssen im schnöden Einerlei des Lebens Abwechslung und Stimulation für die Sinne erhalten, denn der eintönige Trott im Alltag unserer Zeit, macht sie kaputt. Warum schreiben Politiker Bücher und Memoiren, die höchstens von ihresgleichen oder „Superintellektuellen" gelesen werden? Sie wollen damit nachträglich eine Selbstbestätigung für ihr falsches oder auch richtiges Handeln, was ihnen im Laufe der Karriere versagt blieb. Sie versuchen, ihr verlorenes Selbstvertrauen von einst durch Schreiben zurück zu erhalten, denn zu sagen haben sie nichts mehr. Was für Kerle waren sie doch, welche guten Gesetze haben sie für die Wähler erlassen. Wie wurden sie vom Volk geliebt und vergöttert! Ehrlich, wer liest deren Bücher, vielleicht spätere Historiker als Grundlage für Promotionen! „Paul von Leiselheims" Werke grenzen sich davon sehr bewusst ab. Durch seinen ironischen Stil, den jeder versteht, bringt er Menschen zum Schmunzeln, Lachen und Nachdenken.

B.K. eine ungenannt bleibende Literaturkritikerin verfasste dieses curriculum vitae

Weitere Bücher erscheinen demnächst mit „Shortstories" oder als (Kurz)Roman vom Autor

Erlebnisse als Kurgast Teil 2 (Fortsetzung von Teil 1) Okt 19

Das unheimliche weiße Haus, Psychokrimi Okt 19

Die Spaziergängerin von Bad Kissingen, Politkrimi Juni 20
Lebendig begraben Krimi Jan 20

Ratschläge für Männer: Psychologie und Handlungsweisen Jan 20

Baronesse Münchhausen (nach wahren Geschichten) Jan 20

Bildnachweise

eigene Autoren Bilder Seite 7, 10+10, 12+12, 22, 56, 109, 119

Fotolia Bilder Seite 14 (74015260), 15 Geo Pappas(689619),
23 Matthew Ciole (69664907), 29 Elnur (73685457),
33 internet Theft daviddavison (45634604), 37 drubing
foto(11485083), 43 contrastwerkstatt (35220210),
47 ktsdesign (441111), 57 Jürgen Fischer (3746627),
63 sobakasu (68718353), 68 Max Riego (70462823),
69 predesign (60962332), 75 El Gaucho (23277588),
87 wavebrekmediamicro (61467792), 93 aliasching
(59817334), 97 murza08 (36835942), 103 Picture P.
(17383682), 118 junej (60583391)

Coverseite fotolia Jürgen Fischer(3701581)

Bestellungen

Sie können alle Bücher direkt bestellen über die Internetanschrift des Autors. Bei größeren Stückzahlen erhalten Sie hier Mengenrabatt

Email:
badkissingermedienvertrieb@kabelmail.de

Über Ihre Buchhandlung mit der ISBN Nummer erhalten Sie das Buch zum festgelegten Preis